罗洛·梅文集
郭本禹 杨韶刚 主编

存在之发现

THE DISCOVERY
OF BEING

Writings in Existential
Psychology

[美]罗洛·梅 著
ROLLO MAY

方红 郭本禹 译

中国人民大学出版社
·北京·

总　序

罗洛·梅（Rollo May，1909—1994）被称为"美国存在心理学之父"，也是人本主义心理学的杰出代表。20世纪中叶，他把欧洲的存在主义哲学和心理学思想介绍到美国，开创了美国的存在分析学和存在心理治疗。他著述颇丰，其思想内涵带给现代人深刻的精神启示。

一、罗洛·梅的学术生平

罗洛·梅于1909年4月21日出生在俄亥俄州的艾达镇。此后不久，他随全家迁至密歇根州的麦里恩市。罗洛·梅幼时的家庭生活很不幸，父母都没有受过良好的教育，而且关系不和，经常争吵，两人后来分居，最终离婚。他的母亲经常离家出走，不照顾孩子，根据罗洛·梅的回忆，母亲是"到处咬人的疯狗"。他的父亲同样忽视子女的成长，甚至将女儿患心理疾病的原因归于受教育太多。由于父亲是基督教青年会的秘书，因而全家经常搬来搬去，罗洛·梅称自己总是"圈子中的新成员"。作为家中的长子，罗洛·梅很早就承担起家庭的重担。他幼年时最美好的记忆是离家不远的圣克莱尔河,他称这条河是自己"纯洁的、深切的、超凡的和美丽的朋友"。在这里,他夏天游泳,冬天滑冰,或是坐在岸边,看顺流而下运矿石的大船。不幸的早年生活激发了罗洛·梅日后对心理学和心理咨询的兴趣。

罗洛·梅很早就对文学和艺术产生了兴趣。他在密歇根州立学院读书时,最感兴趣的是英美文学。由于他主编的一份激进的文学刊物惹恼了校方,所以他转学到俄亥俄州的奥柏林学院。在此,他投身于艺术课程,学习绘画,深受古希腊艺术和文学的影响。1930年获得该校文学学士学位后,他随一个艺术团体到欧洲游历,学习各国的绘画等艺术。他在由美国人在希腊开办的阿纳托利亚学院教了三年英文,这期间他对古希腊文明有了更深刻的体认。罗洛·梅终生保持着对文学和艺术的兴趣,这在他的著作中也充分体现出来。

1932年夏,罗洛·梅参加了阿德勒(Alfred Adler)在维也纳山区一个避暑胜地举办的暑期研讨班,有幸结识了这位著名的精神分析学家。阿德勒是弗洛伊德(Sigmund Freud)的弟子,但与弗洛伊德强调性本能的作用不同,阿德勒强调人的社会性。罗洛·梅在研讨班中与阿德勒进行了热烈的交流和探讨。他非常赞赏阿德勒的观点,并从阿德勒那里接受了许多关于人的本性和行为等方面的心理学思想。可以说,阿德勒为罗洛·梅开启了心理学的大门。

1933年，罗洛·梅回到美国。1934—1936年，他在密歇根州立学院担任学生心理咨询员，并编辑一本学生杂志。但他不安心于这份工作，希望得到进一步的深造。罗洛·梅原本希望到哥伦比亚大学学习心理学，但他发现那里所讲授的全是行为主义的观点，与自己的兴趣不合。于是，他进入纽约联合神学院学习神学，并于1938年获得神学学士学位。罗洛·梅在这里做了一个迂回。他先学习神学，之后又转回心理学。这个迂回对罗洛·梅至关重要。他在这里学习到有关人的存在的知识，接触到焦虑、爱、恨、悲剧等主题，这些主题在他日后的著作中都得到了阐释。

在联合神学院，罗洛·梅还结识了被他称为"朋友、导师、精神之父和老师"的保罗·蒂利希（Paul Tillich），他对罗洛·梅学术生涯的发展产生了至关重要的影响。蒂利希是流亡美国的德裔存在主义哲学家，罗洛·梅常去听蒂利希的课，并与他结为终生好友。从蒂利希那里，罗洛·梅第一次系统地学习了存在主义哲学，了解到存在主义鼻祖克尔凯郭尔（Soren Kierkegaard）和存在主义大师海德格尔（Martin Heidegger）的思想。罗洛·梅思想中的许多关键概念，如生命力、意向性、勇气、无意义的焦虑等，都可以看到蒂利希的影子。为纪念这位良师诤友，罗洛·梅出版了三部关于蒂利希的著作。此外，罗洛·梅还受到德国心理学家戈德斯坦（Kurt Goldstein）的影响，接受了他关于自我实现、焦虑和恐惧的观点。

从纽约联合神学院毕业后，罗洛·梅被任命为公理会牧师，在新泽西州的蒙特克莱尔做了两年牧师。他对这个职业并不感兴趣，最终还是回到了心理学领域。在这期间，罗洛·梅出版了自己的第一部著作《咨询的艺术：如何给予和获得心理健康》（*The Art of Counseling: How to Give and Gain Mental Health*，1939）。20世纪40年代初，罗洛·梅到纽约城市学院担任心理咨询员。同时，他进入纽约著名的怀特精神病学、心理学和精神分析研究院（下称怀特研究院）学习精神分析。他在怀特研究院受到精神分析社会文化学派的影响。当时，该学派的成员沙利文（Harry Stack Sullivan）为该研究院基金会主席，另一位成员弗洛姆（Erich Fromm）也在该研究院任教。社会文化学派与阿德勒一样，也不赞同弗洛伊德的性本能观点，而是重视社会文化对人格的影响。该学派拓展了罗洛·梅的学术视野，并进一步确立了他对存在的探究。

通过在怀特研究院的学习，罗洛·梅于1946年成为一名开业心理治疗师。在此之前，他已进入哥伦比亚大学攻读博士学位。但1942年，他感染了肺结核，差点死去。这是他人生的一大难关。肺结核在当时被视作不治之症，罗洛·梅在疗养院住院三年，经常感受到死亡的威胁，除了漫长的等待之外别无他法。但难关同时也是一种契机，他在面临死亡时，得以切身体验自身的存在，并以自己的理论加以观照。罗洛·梅选择了焦虑这个主题为突破点。结合深刻的焦虑体验，他仔细阅读了弗洛伊德的《焦虑的问题》（*The Problem of Anxiety*）、克尔凯郭尔的《焦虑的概念》（*The Concept of Anxiety*），以及叔本华（Arthur Schopenhauer）、尼采（Friedrich Wilhelm Nietzsche）等人的著作。他认为，在当时的疾病状况下，克尔凯郭尔的话更能打动他的心，因为它触及焦虑的最深层结构，即人类存在的本体论问题。康复之后，罗洛·梅在蒂利希的指导下，以其亲身体验和内心感悟写出博士学位论文《焦虑的意义》(*The Meaning of Anxiety*)。1949年，他以优异成绩获得哥伦比亚大学授予的第一个临床心理学博士学位。博士学位论文的完成，标志着罗洛·梅思想的形成。此时，他已届不惑之年。

自20世纪50年代起，罗洛·梅的学术成就突飞猛进。他陆续出版多种著作，将存在心理学拓展到爱、意志、权力、创造、梦、命运、神话等诸多主题。同时，他也参与到心理学的历史进程中。这一方面表现在他对发展美国存在心理学的贡献上。1958年，他与安杰尔（Ernest Angel）和艾伦伯格（Henri Ellenberger）合作主编了《存在：精神病学和心理学的新方向》(*Existence: A New Dimension in Psychiatry and Psychology*)，向美国的读者介绍欧洲的存在心理学和存在心理治疗思想，此书标志着美国存在心理学本土化的完成。1958—1959年，罗洛·梅组织了两次关于存在心理学的专题讨论会。第一次专题讨论会后形成了美国心理治疗家学院。第二次是1959年在美国心理学会辛辛那提年会上举行的存在心理学特别专题讨论会，这是存在心理学第一次出现在美国心理学会官方议事日程上。这次会议的论文集由罗洛·梅主编，并以《存在心理学》

（*Existential Psychology*，1960）为名出版，该书推动了美国存在心理学的进一步发展。1959年，他开始主编油印的《存在探究》杂志，该杂志后改为《存在心理学与精神病学评论》，成为存在心理学和精神病学会的官方杂志。正是由于这些工作，罗洛·梅被誉为"美国存在心理学之父"。另一方面，罗洛·梅积极参与人本主义心理学的活动，推动了人本主义心理学的发展。1963年，他参加了在费城召开的美国人本主义心理学会成立大会，此次会议标志着人本主义心理学的诞生。1964年，他参加了在康涅狄格州塞布鲁克召开的人本主义心理学大会，此次会议标志着人本主义心理学为美国心理学界所承认。他曾对行为主义者斯金纳（Burrhus Frederic Skinner）的环境决定论和机械决定论提出严厉的批评，也不赞成弗洛伊德精神分析的本能决定论和泛性论观点，将精神分析改造为存在分析。他还通过与其他人本主义心理学家争论，推动了人本主义心理学的健康发展。其中最有名的是他与罗杰斯（Carl Rogers）的著名论辩，他反对罗杰斯的性善论，提倡善恶兼而有之的观点。

20世纪50年代中期，罗洛·梅积极参与纽约州立法，反对美国医学会试图把心理治疗作为医学的一个专业，只有医学会的会员才能具有从业资格的做法。在60年代后期和70年代早期，罗洛·梅投身反对越南战争、反核战争、反种族歧视运动以及妇女自由运动，批评美国文化中欺骗性的自由与权力观点。到了70年代后期和80年代，罗洛·梅承认自己成为一名更加温和的存在主义者，反对极端的主观性和否定任何客观性。他坚持人性中具有恶的一面，但对人的潜能运动和会心团体持朴素的乐观主义态度。

1948年，罗洛·梅成为怀特研究院的一名成员；1952年，升为研究员；1958年，担任该研究院的院长；1959年，成为该研究院的督导和培训分析师，并一直工作到1974年退休。罗洛·梅曾长期担任纽约市的社会研究新学院主讲教师（1955—1976），他还先后做过哈佛大学（1964）、普林斯顿大学（1967）、耶鲁大学（1972）、布鲁克林学院（1974—1975）的访问教授，以及纽约大学的资深学者（1971）和加利福尼亚大学圣克鲁斯分校董事教授（1973）。此外，他还担任过纽约心理学会和美国精神分析学会主席等多种学术职务。

1975年，罗洛·梅移居加利福尼亚，继续他的私人临床实践，并为人本主义心理学大本营塞布鲁克研究院和加利福尼亚职业心理学学院工作。

罗洛·梅与弗洛伦斯·德弗里斯（Florence DeFrees）于1938年结婚。他们在一起度过了30年的岁月后离婚。两人育有一子两女，儿子罗伯特·罗洛（Robert Rollo）曾任阿默斯特学院的心理咨询主任，女儿卡罗林·简（Carolyn Jane）和阿莱格拉·安妮（Allegra Anne）是双胞胎，前者是社会工作者、治疗师和画家，后者是纪录片创作者。罗洛·梅的第二任妻子是英格里德·肖勒（Ingrid Scholl），他们于1971年结婚，7年后分手。1988年，他与第三任妻子乔治亚·米勒·约翰逊（Georgia Miller Johnson）走到一起。乔治亚是一位荣格学派的分析心理学治疗师，她是罗洛·梅的知心伴侣，陪伴他走过了最后的岁月。1994年10月22日，罗洛·梅因多种疾病在加利福尼亚的家中逝世。

罗洛·梅曾先后获得十多个名誉博士学位和多种奖励，他尤为得意的是两次获得克里斯托弗奖章，以及美国心理学会颁发的临床心理学科学和职业杰出贡献奖与美国心理学基金会颁发的心理学终身成就奖章。

1987年，塞布鲁克研究院建立了罗洛·梅中心。该中心由一个图书馆和一个研究项目组成，鼓励研究者秉承罗洛·梅的精神进行研究和出版作品。1996年，美国心理学会人本主义心理学分会设立了罗洛·梅奖。这表明罗洛·梅在今天依然产生着影响。

二、罗洛·梅的基本著作

罗洛·梅一生著述丰富，出版了20余部著作，发表了许多论文。他在80岁高龄时，仍然坚持每天写作4个小时。我们按他思想发展的历程来介绍其主要作品。

罗洛·梅的两部早期著作是《咨询的艺术：如何给予和获得心理健康》（1939）和《创造性生命的源泉：人性与神的研究》（*The Springs of Creative Living: A Study of Human Nature and God*，1940）。《咨询的艺术：如何给予和获得心理健康》一书是罗洛·梅于1937

年和1938年在教会举行的"咨询与人格适应"研讨会上的讲稿。该书是美国出版的第一部心理咨询著作，具有重要的学术意义。该书再版多次，到1989年已印刷15万册。在这部著作中，罗洛·梅提倡在理解人格的基础上进行咨询实践。他认为，人格是生活过程的实现，它围绕生活的终极意义或终极结构展开。咨询师通过共情和理解，调整患者人格内部的紧张，使其人格发生转变。该书虽然明显有精神分析和神学的痕迹，但已经在一定程度上表现出罗洛·梅的后期思想。《创造性生命的源泉：人性与神的研究》一书与前一部著作并无大的差异，只是更明确地表述了健康人格和宗教信念。在与里夫斯（Clement Reeves）的通信中，罗洛·梅表示拒绝该书再版。这一时期出版的著作还有《咨询服务》（*The Ministry of Counseling*，1943）一书。

罗洛·梅思想形成的标志是《焦虑的意义》（1950）一书的问世。该书是在他的博士学位论文基础上修改而成的。在这部著作中，罗洛·梅对焦虑进行了系统研究。他在考察哲学、生物学、心理学和文化学的焦虑观基础上，通过借鉴克尔凯郭尔的观点，结合临床案例，提出了自己的观点。他将焦虑置于人的存在的本体论层面，视作人的存在受到威胁时的反应，并对其进行了详细的描述。通过焦虑研究，罗洛·梅逐渐形成了以人的存在为核心的思想。在这种意义上，该书为罗洛·梅此后的著作奠定了框架基础。

1953年，罗洛·梅出版了《人的自我寻求》（*Man's Search for*

Himself），这是他早期最畅销的一本书。他用自己的思想对现代社会进行了整体分析。他以人格为中心，探究了在孤独、焦虑、异化和冷漠的时代自我的丧失和重建，分析了现代社会危机的心理学根源，指出自我的重新发现和自我实现是其根本出路。该书涉及自由、爱、创造性、勇气和价值等一系列重要主题，这些主题是罗洛·梅此后逐一探讨的问题。可以说，该书是罗洛·梅思想全面展开的标志。

在思想形成的同时，罗洛·梅还积极推进美国存在心理学的发展。这首先反映在他与安杰尔和艾伦伯格合作主编的《存在：精神病学和心理学的新方向》(1958)中。该书是一部译文集，收录了欧洲存在心理学家宾斯万格（Ludwig Binswanger）、明可夫斯基（Eugene Minkowski）、冯·格布萨特尔（V. E. von Gebsattel）、斯特劳斯（Erwin W. Straus）、库恩（Roland Kuhn）等人的论文。罗洛·梅撰写了两篇长篇导言：《心理学中的存在主义运动的起源与意义》和《存在心理治疗的贡献》。这两篇导言清晰明快地介绍了存在心理学的思想，其价值不亚于后面欧洲存在心理学家的论文。该书被誉为美国存在心理学的"圣经"。罗洛·梅对美国存在心理学发展的推进还反映在他主编的《存在心理学》中。书中收入了罗洛·梅的两篇论文：《存在心理学的产生》和《心理治疗的存在基础》。

1967年，罗洛·梅出版了《存在心理治疗》(Existential Psychotherapy)，该书由罗洛·梅为加拿大广播公司系列节目《观念》所做的六篇广播讲话结集而成。该书简明扼要地阐述了罗洛·梅的许多核心观点,其中许多主题在罗洛·梅以后的著作中以扩展的形式出现。次年,他与利奥波德·卡利格(Leopold Caligor)合作出版了《梦与象征:人的潜意识语言》(*Dreams and Symbols: Man's Unconscious Language*)。他们在书中通过分析一位女病人的梦,阐发了关于梦和象征的观点。在他们看来,梦反映了人更深层的关注,它能够使人超越现实的局限,达到经验的统一。同时,梦能够使人体验到象征,象征则是将各种分裂整合起来的自我意识的语言。罗洛·梅关于象征的观点还见于他主编的《宗教与文学中的象征》(*Symbolism in Religion and Literature*,1960)一书,该书收入了他的《象征的意义》一文,该文还收录在《存在心理治疗》中。

1969年,罗洛·梅出版了《爱与意志》(*Love and Will*)。该书是罗洛·梅最富原创性和建设性的著作,一经面世,便成为美国最受欢迎的畅销书之一,曾荣获爱默生奖。写作该书时,罗洛·梅与第一任妻子的婚姻正走向尽头。因此,该书既是他对自己生活的反思,也是他对现代社会的深刻洞察。该书阐述了他对爱与意志的心理学意义的看法,分析了爱与意志、愿望、选择和决策的关系,以及它们在心理治疗中的应用。罗洛·梅将这些主题置于现代社会情境下,揭示了人们日趋恶化的生存困境,并呼吁通过正视自身、勇于担当来成长和发展。

从20世纪70年代起,罗洛·梅开始将自己的思想拓展到诸多领域。1972年,他出版了《权力与无知:寻求暴力的根源》(*Power* and Innocence: A Search for the Sources of Violence*）。正如其副标题所示，该书目的在于探讨美国社会和个人的暴力问题，阐述了在焦虑时代人的困境与权力的关系。罗洛·梅从社会中的无力感出发，认为当无力感导致冷漠，而人的意义感受到压抑时，就会爆发不可控制的攻击。因此，暴力是人确定自我进而发展自我的一种途径，当然这并非整合性的途径。围绕自我的发展，罗洛·梅又陆续出版了《创造的勇气》（*The Courage to Create*，1975）和《自由与命运》（*Freedom and Destiny*，1981）。在《创造的勇气》中，罗洛·梅探讨了创造性的本质、局限以及创造性与潜意识和死亡等的关系。他认为，只有通过需要勇气的创造性活动，人才能表现和确定自己的存在。在《自由与命运》中，罗洛·梅将自由与命运视作矛盾的两端。人是自由的，但要受到命运的限制；反过来，只有在自由中，命运才有意义。在二者间的挣扎和奋斗中，凸显人自身以及人的存在。在《祈望神话》（*The Cry for Myth*，1991）中，罗洛·梅将主题拓展到神话上。这是他生前最后一部重要的著作。罗洛·梅认为，神话能够展现出人类经验的原型，能够使人意识到自身的存在。在现代社会中，人们遗忘了神话，与此同时也意识不到自身的存在，由此导致人的迷失。

罗洛·梅还先后出版过两部文集，分别是《心理学与人类困境》（*Psychology and the Human Dilemma*，1967）和《存在之发现》（*The Discovery of Being*，1983）。《心理学与人类困境》收录了罗洛·梅20世纪五六十年代发表的论文。如书名所示，该书探讨了在焦虑时代生命的困境，阐明了自我认同客观现实世界的危险，指出自我的觉醒需要发现内在的核心性。从这种意义上，该书是对《人的自我寻求》中主题的进一步深化。罗洛·梅将现代人的困境追溯到人生存的种种矛盾上，如理性与非理性、主观性与客观性等。他对当时的心理学尤其是行为主义对该问题的忽视提出严厉批评。《存在之发现》以他在《存在：精神病学和心理学的新方向》中的导言为主题，较全面地展现了他的存在心理学和存在治疗思想。该书是存在心理学和存在心理治疗最简明、最权威的导论性著作。

罗洛·梅深受存在哲学家保罗·蒂利希的影响，先后出版了三本回忆保罗·蒂利希的书，它们分别是《保卢斯[①]：友谊的回忆》(*Paulus: Reminiscences of a Friendship*，1973)、《作为精神导师的保卢斯·蒂利希》(*Paulus Tillich as Spiritual Teacher*，1988)和《保卢斯：导师的特征》(*Paulus: The Dimensions of a Teacher*，1988)。

罗洛·梅积极参与人本主义心理学运动，他与罗杰斯和格林(Thomas C. Greening)合著了《美国政治与人本主义心理学》(*American Politics and Humanistic Psychology*，1984)，还与罗杰斯、马斯洛(Abraham Maslow)合著了《政治与纯真：人本主义的争论》(*Politics and Innocence: A Humanistic Debate*，1986)。

---

① 保卢斯是保罗的爱称。

1985年，罗洛·梅出版了自传《我对美的追求》(*My Quest for Beauty*, 1985)。作为一位学者，他在回顾自己的一生时，以自己的理论对美进行了审视。贯穿全书的是他早年就印刻在内心的古希腊艺术精神。在他对生活的叙述中，不断涉及爱、创造性、价值、象征等主题。

罗洛·梅的最后一部著作是与他晚年的朋友和追随者施奈德 (Kirk J. Schneider) 合著的《存在心理学：一种整合的临床观》(*The Psychology of Existence: An Integrative, Clinical Perspective*, 1995)。该书是为新一代心理治疗实践者所写的教科书，可视作《存在：精神病学和心理学的新方向》的延伸。在该书中，罗洛·梅提出了整合、折中的存在心理学观点，并把他的人生体验用于心理治疗，对自己的思想做了最后的总结。

此外，罗洛·梅还经常发表电视和广播讲话，留下了许多录像带和录音带，如《意志、愿望和意向性》(*Will, Wish and Intentionality*, 1965)、《意识的维度》(*Dimensions of Consciousness*, 1966)、《创造性和原始生命力》(*Creativity and the Daimonic*, 1968)、《暴力和原始生命力》(*Violence and the Daimonic*, 1970)、《发展你的内部潜源》(*Developing Your Inner Resources*, 1980) 等。

三、罗洛·梅的主要理论

罗洛·梅的思想围绕人的存在展开。我们从以下四方面阐述他的主要理论观点。

（一）存在分析观

在人类思想史上，存在问题一直是令人困扰的谜团。古希腊哲学家亚里士多德说过："存在之为存在，这个永远令人迷惑的问题，自古以来就被追问，今日还在追问，将来还会永远追问下去。"有时，我们也会产生如古人一样惊讶的困惑：自己居然活在这个世界上。但对这个困惑的深入思考，主要是存在主义哲学进行的。丹麦哲学家克尔凯郭尔是存在主义的先驱，他在反对哲学家黑格尔（G. W. F. Hegel）的纯粹思辨的形而上学的基础上，提出关注现实的人的存在，如人的焦虑、烦闷和绝望等。德国哲学家海德格尔第一个真正地将存在作为问题提了出来。他从区分存在与存在者入手，认为存在只能通过存在者来存在。在诸种存在者中，只有人的存在最为独特。这是因为，只有人的存在才能将存在的意义彰显出来。与海德格尔同时代的萨特（Jean-Paul Sartre）、梅洛－庞蒂（Maurice Merleau-Ponty）、雅斯贝尔斯（Karl Jaspers）和蒂利希等人都对存在主义进行了阐发，并对罗洛·梅产生了重要影响。当然，罗洛·梅着重于人的存在的心理层面，不同于哲学家们的思辨探讨，具有自身独特的风格。

1. 存在的核心

罗洛·梅关于人的存在的观点最为核心的是存在感。所谓存在感，就是指人对自身存在的经验。他认为，人不同于动物之处，就在于人具有自我存在的意识，能够意识到自身的存在，这就是存在感。存在感和我们日常较为熟悉的自我意识是较为接近的，但他指出，自我意识并非纯知性的意识，如知道我当前的工作计划。自我意识是对自身的体验，如感受到自己沉浸到自然万物之中。

罗洛·梅认为，人在意识到自身的存在时，能够超越各种分离，实现自我整合。只有人的自我存在意识才能够使人的各种经验得以连贯和统整，将身与心、人与自然、人与社会等连为一体。在这种意义上，存在感是通向人的内心世界的核心线索。看待一个人，尤其是其心理健康状况如何，应当视其对自身的感受而定。存在感越强、越深刻，个人自由选择的范围就越广，人的意志和决定就越具有创造性和责任感，人对自己命运的控制能力就越强。反之，一个人丧失了存在感，意识不到自我的存在价值，就会听命于他人，不能自由地选择和决定自己的未来，就会导致心理疾病。

2. 存在的本质

当人通过存在感体验到自己的存在时，他首先会发现，自己是活在这个世界之中的。存在的本质就是存在于世（being-in-the-world）。人存在于世界之中，与世界密不可分，共同构成一个整体，在生成变化中展现自己的丰富面貌。中国俗语"人生在世"就说明了这一点。人的存在于世意味着：（1）人与世界是不可分的整体。世界并非外在于人的存在，并非如行为主义所说的，是客观成分

（如引起人的反应的刺激）的总和。事实上，人在世界之中，与事物存在独特的意义关联。比如，人看到一块石头，石头并非客观的刺激，它对人有着独特的意义，人的内心也许会浮起久远的往事，继而欢笑或悲伤。（2）人的存在始终是现实的、个别的和变化的。人一生下来，就存在于世界之中，与具体的人或物打交道。换句话说，人是被抛到这个世界上的，人要现实地接受世界中的一切，也就是接受自己的命运。而且，人的存在始终在生成变化之中。人要在过去的基础上，朝向未来发展。人在变化中展现出不同于他人的自己独特的经验。（3）人的存在又是自己选择的。人在世界中并非被动地承受一切，而是通过自己的自由选择，并勇于承担由此带来的责任，发展自己，实现自己的可能性。

3. 存在的方式

人存在于世表现为三种存在方式。（1）存在于周围世界（Umwelt）之中。周围世界是指人的自然世界或物质世界，它是宇宙间自然万物的总和。人和动物都拥有这个世界，目的在于维持生物性的生存并获得满足。对人来说，除了自然环境外，还有人的先天遗传因素、生物性的需要、驱力和本能等。（2）存在于人际世界（Mitwelt）之中。人际世界是指人的人际关系世界，它是人所特有的世界。人在周围世界中存在的目的在于适应，而在人际世界中存在的目的在于真正地与他人交往。在交往中，双方增进了解并相互影响。在这种方式中，人不仅仅适应社会，而且更主动地参与到社会的发展中。(3) 存在于自我世界 (Eigenwelt) 之中。自我世界是指人自己的世界,是人类所特有的自我意识世界。它是人真正看待世界并把握世界意义的基础。它告诉人,客体对自己来说具有怎样的意义。要把握客体的意义,就需要自我意识。因此,自我世界需要人的自我意识作为前提。现代人之所以失落精神活力,就在于放弃了自我世界,缺乏明确而坚强的自我意识,由此导致人际世界的表面化和虚伪化。人可以同时处于这三种方式的关系中,例如,人在进晚餐时(周围世界)与他人在一起(人际世界),并且感到身心愉悦(自我世界)。

4. 存在的特征

罗洛·梅认为,人的存在具有如下六种基本特征:(1) 自我核心,指人以其独特的自我为核心。罗洛·梅坚持认为,每个人都是一个与众不同的独立存在,每个人都是独一无二的,没有人可以占有其他人的自我,心理健康的首要条件就在于接受自我的这种独特性。在他看来,神经症并非对环境的适应不良。事实上,它是一种逃避,是人为了保持自己的独特性,企图逃避实际的或幻想的外在环境的威胁,其目的依然在于保持自我核心性。(2) 自我肯定,指人保持自我核心的勇气。罗洛·梅认为,人的自我核心不会自然发展和成长,人必须不断地鼓励自己、督促自己,使自我的核心性趋于成熟。他把这种督促和鼓励称为自我肯定,这是一种勇气的肯定。自我肯定是一种生存的勇气,没有它,人就无法确立自己的自我，更不能实现自己的自我。(3)参与，指在保持自我核心的基础上参与到世界中。罗洛·梅认为，个体必须保持独立，才能维护自我的核心性。但是，人又必须生活于世界之中，通过与他人分享和沟通，共享这一世界。人的独立性和参与性必须适得其所，平衡发展。一方面，过分的参与必然导致远离自我核心。现代人之所以感到空虚、无聊，在很大程度上就是由于顺从、依赖和参与过多，脱离了自我核心。另一方面，过分的独立会将自己束缚在狭小的自我世界内，缺乏正常的交往，必然损害人的正常发展。(4)觉知，指人与世界接触时所具有的直接感受。觉知是自我核心的主观方面，人通过觉知可以发现外在的威胁或危险。动物身上的觉知即警觉。罗洛·梅认为，觉知一旦形成习惯，往往变成自动化的行为，会在不知不觉中进行，因此它是比自我意识更直接的经验。觉知是自我意识的基础，人必须经过觉知才能形成自我意识。(5)自我意识，指人特有的觉知现象，是人能够跳出来反省自己的能力。它是人类最显著的本质特征，也是人不同于其他动物的标志。它使得人能够超越具体的世界，生活在"可能"的世界之中。此外，它还使得人拥有抽象观念，能用言语和象征符号与他人沟通。正是有了自我意识，人才能在面对自己、他人或世界时，从多种可能性中进行选择。(6)焦虑，指人的存在面临威胁时所产生的痛苦的情绪体验。罗洛·梅认为，每个人都不可避免地会产生焦虑体验。这是因为，人有自由选择的能力，并需要为选择的结果承担责任。潜能的衰弱或压抑会导致焦虑。在现实世界中，人常常感觉无法完美地实现自己的潜能，这种不愉快的经验会给人类带来无限的烦恼和焦虑。此外，人对自我存在的有限性即死亡的认识也会引起极度的焦虑。

（二）存在人格观

在罗洛·梅看来，人格所指的是人的整体存在，是有血有肉、有思想、有意志的人。他强调要将人的内在经验视作心理学研究的首要对象，而不应仅仅专注于外显的行为和抽象的理论解释。他曾指出，要想正确地认识人的真相，揭示人的存在的本质特征，必须重新回到生活的直接经验世界，将人的内在经验如实描述出来。

1.人格结构

罗洛·梅在《咨询的艺术：如何给予和获得心理健康》一书中阐释了人格的本质结构。他认为，人的存在的四种因素，即自由、个体性、社会整合和宗教紧张感构成人格结构的基本成分。（1）自由。自由是人格的基本条件，是人整个存在的基础。罗洛·梅认为，人的行为并非如弗洛伊德所认为的那样，是盲目的；也非如行为主义所认为的那样，是环境决定的。人的行为是在自由选择的过程中进行的。他深信，自由选择的可能性不仅是心理治疗的先决条件，同时也是使病人重获责任感，重新决定自己生活的唯一基础。当然，自由并不是无限的，它受到时空、遗传、种族、社会地位等方面的限制。人恰恰是在利用现实限制的基础上进行自由选择，实现自己的独特性。(2)个体性。个体性是自我区别于他人的独特性，它是自我的前提。罗洛·梅强调，每一个自由的个体都是独立自主、与众不同的，而且在形成他独特的生活模式之前，人必须首先接受他的自我。人格障碍的主要原因之一就是自我无法个体化，丧失了自我的独特性。(3)社会整合。社会整合是指个人在保持自我独立性的同时，参与社会活动，进行人际交往，以个人的影响力作用于社会。社会整合是完整存在的条件。罗洛·梅在这里使用"整合"而非"适应"，目的在于表明人与社会的相互作用。他反对将社会适应良好作为心理健康的最佳标准。他认为，正常的人能够接受社会，进行自由选择，发掘社会的积极因素，充实和实现自我。(4)宗教紧张感。宗教紧张感是存在于人格发展中的一种紧张或不平衡状态，是人格发展的动力。罗洛·梅认为，人从宗教中能够获得人生的最高价值和生命的意义。宗教能够提升人的自由意志，发展人的道德意识，鼓励人负起自己的责任，勇敢地迈向自我实现。宗教紧张感的明显证明是人不断体验到的罪疚感。当人不可能实现自己的理想时，人就会体验到罪疚感。这种体验能够使人不断产生心理紧张，由此推动人格发展。

2. 人格发展

罗洛·梅以自我意识为线索，通过人摆脱依赖、逐渐分化的程度，勾勒出人格发展的四个阶段。

第一阶段为纯真阶段，主要指两三岁之前的婴儿时期。此时人的自我尚未形成，处于前自我时期。人的自我意识也处于萌芽状态，甚至可以称处于前自我意识时期。婴儿在本能的驱动下，做自己必须做的事情以满足自己的需要。婴儿虽然被割断了脐带，从生理上脱离了母体，甚至具有一定程度的意志力，如可以通过哭喊来表明其需要，但在很大程度上受缚于外界尤其是自己的母亲，并未在心理上"割断脐带"。婴儿在这一阶段形成了依赖性，并为此后的发展奠定基础。

第二阶段为反抗阶段，主要指两三岁至青少年时期。此时的人主要通过与世界相对抗来发展自我和自我意识。他竭力去获得自由，以确立一些属于自己的内在力量。这种对抗甚至夹杂着挑战和敌意，但他并未完全理解与自由相伴随的责任。此时的人处于冲突之中。一方面，他想按自己的方式行事；另一方面，他又无法完全摆脱对世界特别是父母的依赖，希望父母能给他们一定的支持。因此，如何恰当地处理好独立与依赖之间的矛盾，是这一阶段人格发展的重要问题。

第三阶段为平常阶段，这一阶段与上一阶段在时间上有所交叉，主要指青少年时期之后的时期。此时的人能够在一定程度上认识到自己的错误，原谅自己的偏见，在选择中承担责任。他能够产生内疚感和焦虑以承担责任。现实社会中的大多数人都处于这一阶段，但这并非真正成熟的阶段。由于伴随着责任的重担，此时的人往往采取逃避的方式，依从传统的价值观。所以，社会生活中的很多心理问题都是这一阶段的反映。

第四阶段为创造阶段,主要指成人时期。此时的人能够接受命运,以勇气面对人生的挑战。他能够超越自我,达到自我实现。他的自我意识是创造性的,能够超越日常的局限,达到人类存在最完善的状态。这是人格发展的最高阶段。真正达到这一阶段的人是很少的。只有那些宗教与世俗中的圣人以及伟大的创造性人物才能达到这一阶段。不过,常人有时在特殊时刻也能够体验到这一状态,如听音乐或是体验到爱或友谊时,但这是可遇而不可求的。

(三)存在主题观

罗洛·梅研究了人的存在的诸多方面,涉及大量的主题。我们以原始生命力、爱、焦虑、勇气和神话五个主题,来展现罗洛·梅丰富的理论观点。

1. 原始生命力

原始生命力(the daimonic)是一种爱的驱动力量,是一个完整的动机系统,在不同的个体身上表现出不同的驱动力量。例如,在愤怒中,人怒气冲天,完全失去了理智,完全为一种力量所掌控,这就是原始生命力。在罗洛·梅看来,原始生命力是人类经验中的基本原型功能,是一种能够推动生命肯定自身、确证自身、维护自身、发展自身的内在动力。例如,爱能够推动个体与他人真正地交往,并在这种交往中实现自身的价值。

原始生命力具有如下特征：（1）统摄性。原始生命力是掌控整个人的一种自然力量或功能。例如，人们在生活中表现出强烈的性与爱的力量，人们在生气时的怒发冲冠、在激动时的慷慨激昂，人们对权力的强烈渴望等，都是原始生命力的表现。实际上，这就是指人在激情状态下不受意识控制的心理活动。（2）驱动性。原始生命力是使每一个存在肯定自身、维护自身、使自身永生和增强自身的一种内在驱力。在罗洛·梅看来，原始生命力可以使个体借助爱的形式来提升自身生命的价值，是用来创造和产生文明的一种内驱力。（3）整合性。原始生命力的最初表现形态是以生物学为基础的"非人性的力量"，因此，要使原始生命力在人类身上发挥积极的作用，就必须用意识来加以整合，把原始生命力与健康的人类之爱融合为一体。只有运用意识的力量坦然地接受它、消化它，与它建立联系，并把它与人类的自我融为一体，才能加强自我的力量，克服分裂和自我的矛盾状态，抛弃自我的伪装和冷漠的疏离感，使人更加人性化。（4）两重性。原始生命力既具有创造性又具有破坏性。如果个体能够很好地使用原始生命力，其魔力般的力量便可在创造性中表现出来，帮助个体实现自我；若原始生命力占据了整个自我，就会使个体充满破坏性。因此，人并非善的，也并非恶的，而是善恶兼而有之。（5）被引导性。由于原始生命力具有两重性，就需要人们有意识地对它加以指引和开导。在心理治疗中，治疗师的作用就是帮助来访者学会对自己的原始生命力进行正确的引导。

罗洛·梅的原始生命力概念隐含着弗洛伊德的本能的痕迹。原始生命力如同本能一样，具有强大的力量，能够将人控制起来。不过，罗洛·梅做出了重大的改进。原始生命力不再像本能那样是趋乐避苦的，它具有积极和消极两重性，而且，通过人的主动作用，能够融入人自身中。由此也可以看出罗洛·梅对精神分析学说的扬弃。

2. 爱

爱是一种独特的原始生命力，它推动人与所爱的人或物相联系，结为一体。爱具有善和恶的两面，它既能创造和谐的关系，也能造成人们之间的仇恨和冲突。

罗洛·梅关于爱的观点经历了一个发展过程。早期，他对爱进行了描述性研究，指出爱具有如下特征：爱以人的自由为前提；爱是实现人的存在价值的一种由衷的喜悦；爱是一种设身处地的移情；爱需要勇气；最完满的爱的相互依赖要以"成为一个自行其是的人"的最完满的创造性能力为基础；爱与存在于世的三种方式都有联系，爱可以表现为自然世界中的生命活力、人际世界中的社会倾向、自我世界中的自我力量；爱把时间看作定性的，是可以直接体验到的，是具有未来倾向的。

后来，罗洛·梅在《爱与意志》中，将爱置于人的存在层面，把它视作人存在于世的一种结构。爱指向统一，包括人与自己潜能的统一、与世界中重要他人的统一。在这种统一中，人敞开自己，展现自己真正的面貌，同时，人能够更深刻地感受到自己的存在，更肯定自己的价值。这里体现出前述存在的特征：人在参与过程中，保持自我的核心性。罗洛·梅还进一步区分出四种类型的爱：（1）性爱，指生理性的爱，它通过性活动或其他释放方式得到满足；（2）厄洛斯（Eros），指爱欲，是与对象相结合的心理的爱，在结合中能够产生繁殖和创造；（3）菲利亚（Philia），指兄弟般的爱或友情之爱；（4）博爱，指尊重他人、关心他人的幸福而不希望从中得到任何回报的爱。在罗洛·梅看来，完满的爱是这四种爱的结合。但不幸的是，现代社会倾向于将爱等同于性爱，现代人将性成功地分离出来并加以技术化，从而出现性的放纵。在性的泛滥的背后，爱却被压抑了，由此人忽视了与他人的联系，忽视了自身的存在，出现冷漠和非人化。

3. 焦虑

在罗洛·梅看来，个体作为人的存在的最根本价值受到威胁，自身安全受到威胁，由此引起的担忧便是焦虑。焦虑和恐惧与价值有着密切的关系。恐惧是对自身一部分受到威胁时的反应。当然，恐惧存在特定的对象，而焦虑没有。如前所述，焦虑是存在的特征之一。在这种意义上，罗洛·梅将焦虑视作自我成熟的积极标志。但是，在现代社会中，由于文化的作用，焦虑逐渐加剧。罗洛·梅特别指出，西方社会过分崇拜个人主义，过于强调竞争和成就，导致了从众、孤独和疏离等心理现象，使人的焦虑增加。当人试图通过竞争与奋斗克服焦虑时,焦虑反而又加剧了。20世纪文化的动荡,使得个人依赖的价值观和道德标准受到削弱,也造成焦虑的加剧。

罗洛·梅区分出两种焦虑:正常焦虑和神经症焦虑。正常焦虑是人成长的一部分。当人意识到生老病死不可避免时,就会产生焦虑。此时重要的是直面焦虑和焦虑背后的威胁,从而更好地过当下的生活。神经症焦虑是对客观威胁做出的不适当的反应。人使用防御机制应对焦虑,并在内心冲突中出现退行。罗洛·梅曾指出,病态的强迫性症状实际是保护脆弱的自我免受焦虑。为了建设性地应对焦虑,罗洛·梅建议使用以下几种方法:用自尊感受到自己能够胜任;将整个自我投身于训练和发展技能上;在极端的情境中,相信领导者能够胜任;通过个人的宗教信仰来发展自身,直面存在的困境。

4. 勇气

在存在的特征中,自我肯定是指人保持自我核心的勇气。因此,勇气也与人的存在有着密切的关联。罗洛·梅指出,勇气并非面对外在威胁时的勇气,它是一种内在的素质,是将自我与可能性联系起来的方式和渠道。换句话说,勇气能够使得人面向可能的未来。它是一种难得的美德。罗洛·梅认为,勇气的对立面并非怯懦,而是缺乏勇气。现代社会中的一个严峻的问题是,人并非禁锢自己的潜能,而是人由于害怕被孤立,从而置自己的潜能于不顾,去顺从他人。

罗洛·梅区分出四种勇气：（1）身体勇气，指与身体有关的勇气。它在美国西部开发时代的英雄人物身上体现得最为明显，他们能够忍受恶劣的环境，顽强地生存下来。但在现代社会中，身体勇气已退化成为残忍和暴力。（2）道德勇气，指感受他人苦难处境的勇气。具有较强道德勇气的人能够非常敏感地体验到他人的内心世界。（3）社会勇气，指与他人建立联系的勇气，它与冷漠相对立。罗洛·梅认为，现代人害怕人际亲密，缺乏社会勇气，结果反而更加空虚和孤独。（4）创造勇气，这是最重要的勇气，它能够用于创造新的形式和新的象征，并在此基础上推进新社会的建立。

5. 神话

神话是罗洛·梅晚年思考的一个重要主题。他认为，20世纪的一个重大问题是价值观的丧失。价值观的丧失使得个人的存在感面临严峻的威胁。当人发现自己所信赖的价值观念忽然灰飞烟灭时，他的自身价值感将受到极大的挑战，他的自我肯定和自我核心等都会出现严重的问题。在这种情境下，现代人面临如何重建价值观的问题。在这方面，神话提供了一条可行的途径。罗洛·梅认为，神话是传达生活意义的主要媒介。它类似分析心理学家荣格（Carl Gustav Jung）所说的原型。但它既可以是集体的，也可以是个人的；既可以是潜意识的，也可以是意识的。如《圣经》就是现代西方人面对的最大的神话。

神话通过故事和意象，能够给人提供看待世界的方式，使人表述关于自身与世界的经验，使人体验自身的存在。《圣经》通过其所展现的意义世界，能够为人的生活指引道路。正是在这种意义上，罗洛·梅认为，神话是给予我们的存在以意义的叙事模式，能够在无意义的世界中让人获得意义。他指出，神话的功能是，能够提供认同感、团体感，支持我们的道德价值观，并提供看待创造奥秘的方法。因此，重建价值观的一项重要的工作，就是通过好的神话来引领现代人前进。罗洛·梅尤其提倡鼓励人们运用加强人际关系的神话，以这类神话替代美国流传已久的分离性的个体神话，能够推动人们走到一起，重建社会。

（四）存在治疗观

1. 治疗的目标

罗洛·梅认为，心理治疗的首要目的并不在于症状的消除，而是使患者重新发现并体认自己的存在。心理治疗师不需要帮助病人认清现实，采取与现实相适应的行动，而是需要加强病人的自我意识，与病人一起，发掘病人的世界，认清其自我存在的结构与意义，由此揭示病人为什么选择目前的生活方式。因此，心理治疗师肩负双重任务：一方面要了解病人的症状；另一方面要进一步认清病人的世界，认识到他存在的境况。后一方面比前一方面更难，也更容易为一般的心理治疗师所忽视。

具体来说，存在心理治疗一般强调两点。首先，患者通过提高觉知水平，增进对自身存在境况的把握，从而做出改变。心理治疗师要提供途径，使病人检查、直面、澄清并重新进入他们对生活的理解，探究他们生活中遇到的问题。其次，心理咨询师使病人提高自由选择的能力并承担责任，使病人能够充分觉知到自己的潜能，并在此基础上变得更敢于采取行动。

2. 治疗的原则和方法

罗洛·梅将心理治疗的基本原则归纳为四点：（1）理解性原则，指治疗师要理解病人的世界，只有在此基础上，才能够使用技术。（2）体验性原则，指治疗师要促进患者对自己存在的体验，这是治疗的关键。（3）在场性原则，治疗师应排除先入之见，进入与病人间的关系场中。（4）行动原则，指促进患者在选择的基础上投身于现实行动。

存在心理治疗从总体上看是一系列态度和思想原则，而非一种治疗的方法或体系，过多使用技术会妨碍对患者的理解。因此，罗洛·梅提出，应该是技术遵循理解，而非理解遵循技术。他尤其反对在治疗技术选择上的折中立场。他认为，存在心理治疗技术应具有灵活性和通用性，随着病人及治疗阶段的变化发生变化。在特定时刻，具体技术的使用应依赖于对病人存在的揭示和阐明。

3. 治疗的阶段

罗洛·梅将心理治疗划分为三个阶段：（1）愿望阶段，发生在觉知层面。心理治疗师帮助患者，使他们拥有产生愿望的能力，以获得情感上的活力和真诚。（2）意志阶段，发生在自我意识层面。心理治疗师促进患者在觉知基础上产生自我意识的意向，例如，在觉知层面体验到湛蓝的天空，现在则意识到自己是生活于这样的世界的人。（3）决心与责任感阶段。心理治疗师促使患者从前两个层面中创造出行动模式和生存模式，从而承担责任，走向自我实现、整合和成熟。

四、罗洛·梅的历史意义

（一）开创了美国存在心理学

在罗洛·梅之前，虽然已有少数美国学者研究存在心理学，但主要是对欧洲存在心理学的引介。罗洛·梅则形成了自己独特而系统的存在心理学理论体系。前已述及，他对欧洲心理学做了较全面的介绍，通过1958年的《存在：精神病学和心理学的新方向》一书，使得美国存在心理学完成了本土化。他还从存在分析观、存在人格观、存在主题观、存在治疗观四个层面系统展开，由此形成了美国第一个系统的存在心理学理论体系。在此基础上，罗洛·梅还进一步提出"一门研究人的科学"，这是关于人及其存在整体理解与研究的科学。这门科学不是停留在了解人的表面，而是旨在理解人存在的结构方式，发展强烈的存在感，促使其重新发现自我存在的价值。罗洛·梅与欧洲存在心理学家一样，以存在主义和现象学为哲学基础，以人的存在为核心，以临床治疗为方法，重视焦虑和死亡等问题。但他又对欧洲心理学进行了扬弃，生发出自己独特的理论观点。他不像欧洲存在心理学家那样过于重视思辨分析，他更重视对人的现实存在尤其是现代社会境遇下人的生存状况的分析。尤为独特的是，他更重视人的建设性的一面。例如，他强调人的潜能观点。正是在这种意义上，他给存在心理学贴上了美国的"标签"，使得美国出现了真正本土化的存在心理学。他还影响了许多学者，推动了美国存在心理学的发展和深化。布根塔尔（James Bugental）、雅洛姆（Irvin Yalom）和施奈德等人正是在他的基础上，将美国存在心理学推向了新的高度。

（二）推进了人本主义心理学

罗洛·梅在心理学史上的另一突出贡献是推进了人本主义心理学的发展。从前述他的生平中可以看出，他亲自参与并推进了人本主义心理学的历史进程。从思想观点上看，他以探究人的经验和存在感为目标，重视人的自由选择、自我肯定和自我实现的能力，将人的尊严和价值放在心理学研究的首位。他对传统精神分析进行了扬弃，将其引向人本主义心理学的方向，并对行为主义的机械论进行了批判。因此，罗洛·梅开创了人本主义心理学的自我选择论取向，这不同于马斯洛和罗杰斯强调人本主义心理学的自我实现论取向,从而丰富了人本主义心理学的理论体系。正是在这种意义上,罗洛·梅成为与马斯洛和罗杰斯并驾齐驱的人本主义心理学的三位重要代表人物之一。

罗洛·梅还通过理论上的争论,推进了人本主义心理学的健康发展。前面提到,他从原始生命力的两重性,引出人性既有善的一面又有恶的一面。他不同意罗杰斯人性本善的观点。他重视人的建设性,同时也注意到人的不足尤其是破坏性的一面。与之相比,罗杰斯过于强调人的建设性,将消极因素归因于社会的作用,暗含着将人与社会对立起来的倾向。罗洛·梅则一开始就将人置于世界之中,不存在这种对立倾向。所以,罗洛·梅的思想更为现实,更趋近于人本身。除了与罗杰斯的论战外,罗洛·梅在晚年还对人本主义心理学中分化出来的超个人心理学提出告诫,并由此引发了争论。他认为,超个人心理学强调人的积极和健康方面的倾向,存在脱离人的现实的危险。应该说,他的观点对于超个人心理学是具有重要警戒意义的。

(三)首创了存在心理治疗

罗洛·梅在从事心理治疗的实践中,形成了自己独特的思想,这就是存在心理治疗。它以帮助病人认识和体验自己的存在为目标,以加强病人的自我意识、帮助病人自我发展和自我实现为己任,重视心理治疗师和病人的互动以及治疗方法的灵活性。它尤其强调提升人面对现实的勇气和责任感,将心理治疗与人生的意义等重大问题联系起来。罗洛·梅是美国存在心理治疗的首创者,在他之后,布根塔尔和施奈德等人做了进一步发展,使得存在心理治疗成为人本主义心理治疗的重要组成部分。当前,存在心理治疗与来访者中心疗法、格式塔疗法一起,成为人本主义心理治疗领域最为重要的三种方法。

(四)揭示了现代人的生存困境

罗洛·梅不只是一位书斋式的心理学家,他还密切关注现代社会中人的种种问题。他深刻地批判了美国主流文化严重忽视人的生命潜能的倾向。他在进行临床实践的同时,并不仅仅关注面前的病人。他能够从病人的存在境况出发,结合现代社会背景来揭示现代人的生存困境。他从人的存在出发,揭示现代人在技术飞速发展的同时,远离自身的存在,从而导致非人化的生存境况。罗洛·梅指出,现代人在存在的一系列主题上都表现出明显的问题。个体难以接受、引导并整合自己的原始生命力,从而停滞不前,无法激发自己的潜能,从事创造性的活动。他还指出,现代人把性从爱中成功地分离出来,在性解放的旗帜下放纵自身,却遗忘了爱的真正含义是与他人和世界建立联系,从而导致爱的沦丧。现代人逃避自我,不愿承担自己作为一个人的责任,在面临自己的生存处境时感到软弱无能,失去了意志力。个体不敢直面自己的生存境况,不能合理利用自己的焦虑,而是躲避焦虑以保护脆弱的自我,结果使得自己更加焦虑。个体顺从世人,不再拥有直面自己存在的勇气。个体感受不到生活的意义和价值,处于虚空之中。在这种意义上,罗洛·梅不仅是一位面向个体的心理治疗师,还是一位对现代人的生存困境进行诊断的治疗师、一位现代人症状的把脉者。当然,罗洛·梅在揭示现代人的生存困境的同时,也建设性地指出了问题的解决之道,提供了救赎现代人的精神资料。不过,他留给世人的并非简易的行动指南,而是丰富的精神养分,需要世人认真地消化和吸收,由此才能返回到自身的存在中,勇敢地担当,积极地行动,重塑自己的未来。

罗洛·梅在著作中考察的是20世纪中期的人的存在困境。现在,当时光已经过去半个多世纪后,人的生存境遇依然没有得到根本的改观,甚至更加恶化。社会的竞争越来越激烈,人们的生活节奏越来越快,个体所承受的压力也越来越大,内心的焦虑、空虚、孤独等愈发严重。人在接受社会各种新事物的同时,自身的经验却越来越多地被封存起来。与半个世纪前相比,人似乎更加远离自身的存在。从这个意义上说,罗洛·梅更是一位预言家,他所展现的现代人的生存图景依然需要当代人认真地对待和思考。

正因为如此,罗洛·梅在生前和逝后并未被人们忽视或遗忘。越来越多的人发现了他思想的价值,并投入真正的行动中。罗洛·梅的大多数著作都被多次重印或再版,并被翻译成多国文字出版。进入21世纪以来，这种趋势依然在延续。也正是基于此，我们推出这套"罗洛·梅文集"，希望能有更多的中国读者听到罗洛·梅的声音，分享他的精神资源。

郭本禹
南京师范大学
2008年9月1日

前　言

　　我们在这个时代面临着一件自相矛盾的奇怪事情。在此之前，从来没有如此众多的零碎信息通过收音机、电视机、人造卫星向我们蜂拥而来，而我们也从来没有像现在这样，对自我存在的内在确定性如此之低。客观真理增加得越多，我们内在的确定性下降得就越多。我们迅速增长的技术力量使得我们无法控制这种力量，而且许多人都将技术进展中的每一步视为将我们朝可能出现的灭绝又推进了一步。尼采具有不可思议的预见性，他说：

　　　　我们生活在一个原子混乱的时代……这个可怕的幽灵……这个国家……当它肯定会陷于今天和明天之间时，对幸福的追求将会是最大的；因为到了后天，所有追求的时间都将很可能全部用尽。

　　由于意识到了这一点，而且对于找到生活中的意义感到绝望，现今的人们利用许多方式，如情感淡漠、精神麻木或享乐主义等来减少他们对存在的意识。还有其他人，尤其是年轻人中，有数量令人惊恐且日益增多的人选择了通过自杀来逃避自己的存在。

难怪备受生活是否具有意义这个问题困扰的人们会成群结队地去找心理治疗师。但是，治疗本身却通常是我们这个时代分裂的一种表现形式，而不是一项战胜这种分裂的事业。通常情况下，这些躺在睡椅上或坐在患者椅子上寻求从空虚感中解脱出来的人们，将他们的存在交给了治疗者——这只能导致一种淹没的绝望、一种潜伏的愤恨，而这到后来将会以自我毁灭的形式爆发出来。历史一次又一次地表明，个体想要得到自由的需要早晚将会表现出来。

我认为，通过发现和确认我们自己的存在，某种内在的确定性才会成为可能。与那些用关于条件作用、行为机制和本能驱力的理论来做出总结的心理学相比，我认为，我们必须透过这些理论发现人，即：这些事情发生在其身上的人即存在。

是的，在我们的文化中，似乎所有人对于谈论存在都很犹豫。是这个问题太具启迪性、太私密、太深刻吗？在掩盖存在的同时，我们失去的却正是我们生命中最珍视的东西。这是因为，存在感与这些最为深刻、最为根本的问题——关于爱、死亡、焦虑、关怀的问题是密切联系在一起的。

我对存在这一问题的论述缘于我想要在我的同胞以及我自己身上找到存在这种东西的激情。这里面一直包含着对于我们的价值观以及目标的寻求。例如，在正常焦虑的体验中，如果这个人没有感到焦虑，那么他或她也将没有自由。焦虑证明了这些价值观（无论有多么模糊）确实存在于这个人身上。没有这些价值观，出现的就只有贫乏的绝望感。

当我们面对有史以来对人类生存所构成的最为严重的威胁时，我发现，与可能会出现的灭绝相比，存在的可能性变得更为显著。人类个体仍然是这样一种生物，他们能够感到惊奇，能够为一首奏鸣曲陶醉，能够将许多符号放在一起作出诗歌以愉悦我们的心灵，能够在看到日出时产生一种尊严感和敬畏感。

所有这些都是存在的特征，它们为接下来的论述设定了要求。

目 录

第一部分 原理

第一章 心理治疗的基础 / 002
第二章 赫琴斯夫人的案例 / 016

第二部分 文化背景

第三章 存在心理学的起源与意义 / 032
第四章 存在主义与精神分析是怎样从相同的文化情境中产生的 / 064
第五章 克尔凯郭尔、尼采与弗洛伊德 / 072

第三部分　对治疗的贡献

第六章　存在与非存在　　　/ 104

第七章　本体论的焦虑与内疚　　/ 129

第八章　在世存在　　/ 140

第九章　世界的三种模式　　/ 152

第十章　关于时间与历史　　/ 161

第十一章　超越即时情境　　/ 175

第十二章　关于治疗技术　　/ 185

译后记　　/ 213

第一部分

原 理

第一章
心理治疗的基础

尽管存在取向成为欧洲精神病学和精神分析中最为显著的取向已经有20年的时间，但实际上它在美国直到20世纪60年代才为人所知。从那以后，我们当中就有一些人开始担心，它可能被某些期刊炒得过热了，尤其是在国家杂志上。但是，尼采的一句话使我们得到安慰："一项运动的首批追随者是不会有反对意见的。"

在美国，对于存在治疗有相互矛盾的两种态度，即与其产生共鸣和对其感到厌恶、反感。一方面，这种取向与美国人的性格和思维有一种深切的潜在共鸣。例如，它非常类似于威廉·詹姆斯（William James）对经验的即时性、思维与行动的统一性以及决定与承诺之重要性的强调。另一方面，这个国家的一些心理学家和精神分析学家对这种取向有着强烈的敌对态度并感到彻头彻尾的愤怒。后面我将深入分析出现这种矛盾的原因。

在本书中，我宁愿成为存在主义者，并根据我自己作为一个人和一位精神分析心理治疗从业者的体验进行直接的论述。在撰写

《焦虑的意义》时，我有一年半的时间是在肺结核疗养院的床上度过的。我有大量的时间来考虑"焦虑的意义"这个问题——而且我还有大量关于我自己以及我那些感到焦虑的病友们的第一手资料。在此期间，我研究了直到我们这个时代为止现有的两本关于焦虑的著作：一本是弗洛伊德的《焦虑的问题》，另一本是克尔凯郭尔的《焦虑的概念》。我非常看重弗洛伊德的系统阐述——例如，他的第一种理论，认为焦虑是被压抑的"力比多"（Libido）①的再现；而他的第二种理论，认为焦虑是自我对失去所爱之物的威胁所作出的反应。与之不同的是，克尔凯郭尔将焦虑描述为生命的存在反对非存在的斗争（在我与死亡或者与预期终生病弱的斗争中，我很快就能体验到这种非存在）。克尔凯郭尔进一步指出，焦虑中真正的恐惧对象不是死亡本身，而是我们每一个人在内心对于斗争的双方都支持这一事实，即正如他所说的，"焦虑是对一个人所恐惧之物的欲求"，因此就像是一种"异己的力量，它控制了一个个体，而这个个体却无法忍痛将其自我舍去"。

因此，强烈地打动我的是，克尔凯郭尔所写下的恰恰是我的病友们和我所经历过的一切。弗洛伊德则是在一个不同的层面进行写作的，他系统地阐述了焦虑产生的心理机制。克尔凯郭尔所描绘的是处于危机之中的人们所直接体验到的一切——这里的危机尤其是

---

① 由心理学家弗洛伊德提出，指一切与爱或生命的本能有关的心理能力，最初特指性本能。——译者注

指对我们病人来说完全真实的生命与死亡之间的危机，但是我认为这样一种危机与前来寻求心理治疗的人们所遇到的各种危机，或者我们每个人在一天当中都会体验很多次的各种极其细微的危机（即使这些危机不会让我们在心里产生任何对于死亡的最终预期）在本质上是没有什么不同的。弗洛伊德的著作是在技术的层面进行撰写的，在这个层面他的天赋是至高的，或许超过了到他那个时代为止的任何人，他了解（know about）焦虑。克尔凯郭尔是另一个次序中的天才，他是在存在的、本体论的层面撰写他的著作的；他认识（know）焦虑。

这不是一种价值两分法，两者显然都是必需的。相反，我们的真实问题却通过文化-历史的情境而呈现在我们面前。在西方世界的我们，是4个世纪以来控制自然以及现在控制我们自己的技术成就的后嗣；这是我们的伟大之处，同时它也是我们的最大危险。我们并不是处于压抑技术重要性的危机之中（如果需要任何证明的话，弗洛伊德在这个国家享有巨大的声望即是证明）。相反，我们压抑的是其反面。如果我可以用下面这些很快就将对其进行更为充分讨论的术语的话，那我们压抑的就是存在感、本体感。这种对存在感的压抑，其结果之一就是，现代人的自我意象、他作为一个有责任个体的自我体验，还有他对自己人性的体验都崩溃、瓦解了。

存在取向并非旨在排除弗洛伊德或者任何其他心理学或科学分支的技术发现。相反，它是真的在试图将这些发现置于一个新的基础之上，试图给予自然和人类意象一种新的理解或重新发现。

我不会为承认这一点而道歉，即我非常认真地对待我们现代科学中将人改造成为机器的意象、改造成为我们据此对他进行研究的技术的意象这种倾向中非人化的危险。这种倾向并非任何"危险的"人或"邪恶的"流派的错。相反，它是一种由我们特定的历史困境将其带到我们面前的危机。精神病学家和存在主义哲学家卡尔·雅斯贝尔斯坚持认为，在西方世界的我们实际上已经处在了失去自我意识的过程之中，而且我们也许是历史上的"人"的最后一代。威廉·怀特（William Whyte）在其《组织人》（*Organization Man*）中告诫我们，现代人的敌人可能最终是"一群看起来温和的治疗者，他们……将会采取过去所做的一切来帮助你"。他所指的是这种用社会科学来支持我们这个历史时期的社会伦理的倾向。因此，帮助人的过程可能实际上会使他们成为顺从者，并走向个性的毁灭。我认为，这种趋向随着行为矫正的流传而以激进的方式增长，行为矫正是心理治疗的一种形式，它的基础是认为完全不需要任何一种超出治疗者的假设的关于人的理论；治疗者的假设是，他以及他的群体所选择的任何目标对所有可能存在的人类来说显而易见都是最好的。我们无法漠视诸如雅斯贝尔斯和怀特等人的警告，无法认为那是愚昧无知的或者是反科学的，因为这么做将会使我们成为蒙昧主义者。

许多心理学家都有我这样的想法，但是他们却对"存在"与"非存在"这些术语吹毛求疵，总认为，心理学中的存在取向是毫无希望的，是含糊而混乱的。但是，我坚持认为，如果没有"存在"与"非存在"这样的一些概念，我们甚至无法理解我们最常用的心理机制。下面以压抑（repression）和移情（transference）为例来说明。通常关于这些术语的讨论都是悬在半空中的，没有说服力，也没有心理现实，这恰恰是因为我们缺乏一种作为这些术语之基础的潜在结构。压抑这一术语显然指的是一种我们一直都能观察到的现象，是一种弗洛伊德曾以许多形式进行清晰描述的动力。我们通常会以这样的方式来解释这种机制，说儿童将诸如性与敌意这样的一些冲动压抑到潜意识之中，是因为以父母形象的形式出现的文化不赞同他们那样做，而儿童必须听从这些人以保全他们自己的安全感。但是这种被假想为会不赞同的文化却恰恰是由这些采取压抑行动的人们所构成的。因此，难道这不是一种错觉，说文化以这样的方式站在个体的对立面不是过于简单，而且不是我们使它成了我们的替罪羊吗？而且，我们是从哪里得到这种观念的，说儿童或成人是如此地关注于安全感和力比多的满足？难道这些不是从我们对患有神经症的、焦虑的儿童和成人的研究中遗留下来的吗？

例如，患有神经症的、焦虑的儿童的确会强迫性地关注安全感；而患有神经症的成人以及对其进行研究的我们，显然也会将我们后来的阐释塞进对儿童那毫不猜疑的心理的理解中。但是，难道正常的儿童不也是像这样真正地感兴趣于走到世界中进行探索、遵循他自己的好奇心和冒险欲——像童谣里所唱的那样走出去"学会哆嗦和颤抖"吗？而如果你妨碍儿童的这些需要，那么就会像你剥夺他的安全感时一样，你会从他那里得到一种创伤性的反应。至少我认为，我们之所以非常过分地强调人类对安全感和生存满足的关注，是因为它们完全符合我们思维的因果方式。我认为，尼采和克尔凯郭尔将人描述为有机体，这个有机体有特定的价值观——声望、权力、温柔——这些比愉快更为重要，甚至比生存本身更为重要，这是更为确切的。

在这里，我的论点是，我们只有在关于人类潜能的意义这个更深的层面才能理解诸如压抑之类的东西。在这一点上，"存在"被界定为个体"潜能的模式"。这些潜能中有一部分是与其他人所共有的，但是在任何情况下都会在每一个个体身上形成一种独特的模式。我们必须提出这些问题：这个人与他自己的潜能之间是什么样的关系？是什么让他选择或被迫选择阻断对他所知道的某物的意识，而在另一个层面他却知道他是知道的？在我的心理治疗工作中，似乎有越来越多的证据表明，我们今天的焦虑在很大程度上不是源自对缺乏力比多满足或安全感的恐惧，而是源自患者对其自身力量的恐惧，以及这种恐惧所引起的冲突。这可能就是"我们这个时代特定的神经症人格"——当代"外部导向的"组织人的神经症模式。

因此,"潜意识"不应被看作各种不被文化所接受的冲动、想法和愿望的储藏地。相反,我将其界定为那些个体不能或不愿实现的认识和体验的潜能。在这个层面,我们将发现,压抑的简单机制远远要比它看起来的复杂得多;它涉及个体的存在与非存在的可能性之间的一场复杂斗争;它无法通过"自我"与"非自我",甚或"自体"与"非自体"这样的术语来进行恰当的理解;它不可避免地会引出那个关于其潜能的人类自由的边缘问题,这个边缘设定了个体对自我的责任,这甚至是连治疗者也不能夺走的。

除了压抑之外,还有一个来自经典分析的概念也值得在这里一提。我说的是移情,即咨询室中患者与治疗者这两个人之间的关系。根据弗洛伊德自己的评价以及我们后来许多人的评价,移情这个概念以及对移情的描述是弗洛伊德的伟大贡献之一。这种现象,即患者将他先前或现在与父亲、母亲、爱人、小孩的关系带进咨询室中,继续将我们感知为那些人,并以同样的方式来建构他与我们之间的世界,这对治疗来说具有巨大的影响。像弗洛伊德的其他概念一样,移情也大大地扩展了人格的领域与影响:我们生活在他人之中,他人也生活在我们之中。注意一下弗洛伊德的观点,他认为在交媾的每一个动作中都存在四个人——个人的自我、他的爱人,还要加上他的双亲。一直以来,我个人对这个观点都持有一种矛盾的态度,认为正如我所做的一样,做爱至少应该具有某种私密性。但是,更深的影响是命中注定的人际网络的相互交织。我们的祖先，就像哈姆雷特的父亲一样，总会带着幽灵般的挑战和诅咒出现在舞台的边缘。弗洛伊德这种对于我们互相之间如此密切地联系在一起的强调，又一次刺破了许多现代人关于爱和人际关系的幻觉。

但是，如果我们仅仅接受移情这个概念，也就是说，没有一套基于人性本身的关系规范，那么它就会给我们带来无穷无尽的困难。首先，正如托马斯·萨斯（Thomas Szasz）所认为的，移情对于治疗者来说可能是一种方便的、有用的防御；治疗者可以躲藏在其之后，以保护自己免遭直接的会心（encounter）所带来的焦虑。其次，移情的概念会削弱治疗中整体体验和现实感的基础：咨询室中的两个人成了"影子"，而且世界上所有的其他人也成了"影子"。这会侵蚀患者的责任感，还会使治疗在很大程度上失去患者改变自己所需的动力。

我们所缺乏的就是一个会心的概念。在会心中，也只有在会心中，移情才有其真正的意义。移情应该被理解为对会心的歪曲。既然在精神分析中人与人的会心没有规范，而且你－我关系也没有恰当的地位，那么爱的关系就必定会过分简单化，就会被冲淡。弗洛伊德在非常大的程度上深化了我们对于爱欲驱力表现为自身的各种强有力的、无处不在的形式的理解。但是，性本能（不是像弗洛伊德所天真希望的那样回到其自身中）此时摇摆（occillate[①]）在成为

---

① 原书此处为 occillate，疑为作者笔误，应为 oscillate。——译者注

一个需要排解的不合理的化学过程与成为一种对于在某个晚上不想看电视时的男女来说相对不太重要的消遣之间。

同样，对于无私之爱（无私的爱的形式，关注其他人的幸福）本身，我们也没有规范。我们不能将无私之爱理解为派生的，也不能认为它是你在分析完剥削性的、吃同类的倾向时所剩下的东西。无私之爱不是性本能的一种升华，相反，在持久的温柔与对他人的长期关注方面，它是对性本能的一种超越。而且，正是这种超越，给了性本能本身更丰富、更持久的意义。

存在的取向帮助我们提出了这个问题：一种存在是怎么可能与另一种存在相联系的？两个人能够交流，能够将对方理解为存在，能够真正地关注他人的幸福与实现，并能够体验到某种真正的信任，那么人类的本质是什么？这些问题的答案将会告诉我们，什么样的移情是一种歪曲。

现在，当我在医患关系之中与我的患者坐在一起时，我就会假定说，这个人像所有的存在一样，需要从他自己的中心伸展出来，参与到他人当中。在他迈出尝试性的，并且常常是延迟的一步，给我打电话预约之前，他已经在想象中参与到了与我的某种关系之中。他坐在我的等候室里，紧张地抽着烟；现在，他看着我，带着交织在一起的怀疑与希望，努力地想放开，在内心与那种想要退缩到某个栅栏之后并将我阻止在外的由来已久的倾向作斗争。这种斗争是可以理解的，因为参与总会涉及风险。如果一个人走出去太远，那他将会失去他的同一性。但是，如果他非常害怕失去他自己那冲突着的中心——这个冲突着的中心至少使得他的个人体验中某种部分的整合及意义成为可能——以至于他完全拒绝走出去，而且僵化地阻止自己，使自己生活在狭窄的、缩小的世界空间中，那么他的成长与发展就会受阻。这就是弗洛伊德在谈到压抑与抑制（inhibition）时所指的含义。抑制是存在与世界的关系。他具有走出去的可能性，但他却非常害怕这么做；而且，他对于将会失去太多感到害怕，当然可能就是这种情况。患者会说，"如果我爱某个人，这就好像是我所拥有的一切将会像水从河流中流出来一样，而且什么都不能剩下了"。我认为，这是一种非常确切的关于移情的陈述。也就是说，如果一个人的爱不是某种独立的东西，那么它显然将会枯竭。正如弗洛伊德所说，整个问题就在于一种经济学上的平衡。

但是在我们这个崇尚顺从与外部导向的人的时代，最盛行的神经症模式呈现了相反的形式——走出去太远，在对他人的参与和认同中，分散自己的自我，直到自己的存在完全消失。这就是组织人的心理-文化现象。其原因之一在于，让我们这个时代的男性或女性最为害怕的不再是阉割，而是排斥。我看到一个接一个的患者（尤其是那些来自麦迪逊大街的患者）选择被阉割——选择放弃他自己的权力——为了不被排斥。真正的威胁是，不被他人所接受，被抛出于群体之外，只剩下孤独的一个人。在这种过度的参与中，个人自己的一致性变得不一致，因为它是符合其他某个人的。一个人自己的意义变得毫无意义，因为它是从其他某个人的意义那里借来的。

现在，我们来更为具体地谈一下会心的概念。我所说的会心指的是这样一个事实，即在治疗的时间内，在两个人之间，存在一种完整的关系，这种关系包含许多不同的层面。一个层面是真实的人的层面：我很高兴看到我的患者（随治疗时间的不同而不同，主要取决于我在头一天晚上睡眠的时间）。我们相互之间的见面减少了生理上的孤独，这种孤独是所有人类都具有的。另一个层面是朋友的层面：我们相信——因为我们已经互相见过许多次——对方对倾听和理解有某种真正的关注。还有一个层面是尊重或无私之爱的层面，即人际世界（Mitwelt①）中所固有的自我超越地关注他人幸福的能力。最后一个层面坦白地说是爱欲的层面。几年前我与克拉拉·汤普森（Clara Thompson）一起做督导时，她对我说了让我至今都经常思考的话——她说如果治疗关系中有一个人感觉到了积极的爱欲吸引，那么另外那个人也将会有这种感觉。治疗者需要坦诚地面对他自己的爱欲情感；否则，他将会（至少在幻想中）把他对患者的需要付诸行动。但更为重要的是，除非这位治疗者将爱欲接受为沟

---

① Mitwelt 这个德语单词，字面意思指的是"世界的"，即就人际关系的世界而言。与第九章另外两个相似的词 Umwelt，即"周围的世界"或"环境"，以及 Eigenwelt，即"自我世界"放在一起，这个词就能得到更为充分的解释。——译者注

通的一种方式，否则的话，他不会去倾听他应该从患者那里听到的东西，而且他将会失去治疗中改变患者所需的最具动力性的资源之一。

现在，这个完整的会心在我看来似乎具有两种乐器发生共鸣的特性，这个完整的会心可能是我们理解患者最为有用的媒介，也是我们帮助他愿意接受改变这一可能性的最有效的工具。如果你拨动一根小提琴的琴弦，房间中另一把小提琴上相应的琴弦将会以它们自己相应的韵律产生共鸣。当然，这是一个类比：人类中所发生的事情包括这种现象，但要复杂得多。人类的会心在某种程度上总是引起欢乐的，同时也是引起焦虑的。我认为，这些效应都源自这一事实，即与另一个人之间真正的会心总是会动摇我们自我世界的关系：我们被打开了，我们当前舒适的、暂时性的安全感在被质疑以前，突然成了试验性的了——我们是让自己冒险抓住这次机会，通过这种新的关系而使自己更为丰富（即使是一个早就认识的朋友或爱人，在这个特定时刻，关系仍然是新的），还是打起精神，匆匆建造起一个栅栏，将另一个人挡在外面，而且不去管他知觉、情感、意图上的细微差别？会心一直是一种潜在的创造性体验；通常情况下，继它而来的应该是意识的扩展、自我的丰富（这里，我并没有谈到数量——一次短暂的会面显然可能只会对我们产生轻微的影响；实际上，我谈及的根本就不是数量，而是体验的质量）。在真正的会心中，两个人都会发生改变，不过这种改变很小。C. G. 荣格已恰当地指出，在有效的治疗中，治疗者和患者两者都会发生改变；除非治疗者愿意接受改变，否则患者也不会发生改变。

会心的现象还非常需要进行研究，因为发生的事情几乎比我们每一个人所意识到的都要多得多，这一点似乎非常清楚。我提出下面这个假设，即在治疗中，就算治疗者进行了充分的澄清，如果患者没有在某种程度上产生这种情感，那么治疗者也是不能产生某种情感的。我知道关于这一点有许多例外，但我想提供这个假设来供大家思考和研究。我的假设的一个推论是，在人际世界中必然有某种共鸣，而我们感觉不到这种共鸣时，其原因在于我们自己的某种阻滞。弗雷达·弗洛姆－赖希曼（Frieda Fromm-Reichman）经常说，她说出患者感受——如患者不敢表现出来的焦虑、害怕、爱或愤怒——的最佳工具，是她自己在那个时刻的内在感受。当然，将自我用作一种工具，这需要治疗者自己必须有一种极大的自律。根本就不是要你打开门，然后简单地告诉患者你（即治疗者）的感受是什么。你的情感在很多方面可能是神经症的，而且在没有进一步承担你的情感前，患者已经有很多问题了。相反，我是说，在我看来，如果你愿意这么做，自律、自我净化以及在作为一位治疗者的最大能力的程度上对你自己的曲解和神经症倾向进行分类，这似乎可以让患者在某种程度上将会心体验为一种参与到他的情感和世界之中的方式。所有这些都需要进一步研究，而且我认为，对于这些可以用比我们已经意识到的多得多的方式进行研究。正如我已说过的,在人类的相互联系之中正在发生的某种东西、人际世界内在的某种东西,比我们已经意识到的要复杂、微妙、丰富、强大得多。

在我看来,这些东西至今还没有得到研究的主要原因在于,我们没有会心这个概念,因为它被弗洛伊德的移情概念所掩盖了。因此,我们对移情进行了各种各样的研究,这些研究告诉了我们很多东西,却没有告诉我们两个人之间真正发生的事情是什么。我们指望现象学来帮助我们获得一个会心这样的概念是完全有道理的,这个概念将使我们在至今一直只理解曲解的"会心",即"移情"时,能够理解会心本身。尤其重要的是,我们并没有屈从于这种通过使其成为移情或反移情的一种派生物而回避和削弱会心这个概念的倾向。

第二章
赫琴斯夫人的案例

作为一位心理治疗从业者和治疗者的教师，我一直震惊于我们对试图根据患者之行为发生的机制来理解患者的关注，竟如此频繁地阻碍我们对其真正体验到的东西的理解。有一位患者叫赫琴斯夫人（Mrs. Hutchens。关于她，我将集中给出我的评论），她是一位来自郊区的妇女，30多岁。她第一次来到我的办公室时，总是尽力使她的表达保持泰然自若、老于世故的状态。但是，任何人都能看得出来，在她的眼睛里有某种类似于受了惊吓的动物或一个迷了路的孩子眼睛里的恐惧的东西。从与她的神经科医师的谈话中我了解到，她目前的问题是喉咙会歇斯底里地紧张，其结果是，她只能不停地用嘶哑的声音讲话。从她的罗夏墨迹测验中我得到了这个假设，即在她的一生中，她感觉"如果我说出我真正的感受，我就会遭到拒绝；在这些情形下，最好是根本就不讲话"。而且，在我对她进行治疗的第一个小时中，当她告诉我她与母亲和祖母的独裁主义关系，以及她是如何学会坚定地警惕着绝不说出任何秘密时，我还得到了一些关于她的问题为什么会出现的遗传学上的线索。但是，如果当我坐在这里时，我只想着关于问题产生之方式的那些为什么和怎么样，那么我可能会掌握所有的一切，但是我却掌握不了最为重要的一点（实际上，这是我所拥有的唯一真实的资料来源），即这个人现在是存在的、生成的、出现的——这个正在体验的人在当前这个时刻跟我在一起，在这个房间里。

在我们这个国家，要根据力量、动力以及能量这些术语来对精神分析理论进行系统化，需要完成几项任务。我所提出的观点与这种观点正好相反。我坚持认为，我们的科学必须与我们所试图去研究的东西（在我们的例子中指的是人类）的独有特征相关联。我并不否认动力与力量——这么说可能是废话——但是我坚持认为，只有在存在的、活着的人的背景中，也就是说，只有在本体论的（ontological）背景中，它们才具有意义。

因此，我提出，我们应该获取在治疗情境中我们所拥有的唯一真实的论据，即这个与治疗者一起坐在咨询室中的存在的人[我所说的"存在的人"这个词等同于德语中的此在（Dasein），字面意思指的是存在于那里的"存在"]。注意，我并没有简单地说"个体"或"人"；如果你为了进行统计预测而将个体看作一个群体当中的单元——当然，这是一种对心理科学的合理使用——那么你恰恰就是将这些使该个体成为存在的人的特征限制在了这幅画面之外。或者，当你将他或她看作驱力和决定性力量的合成物时，那么你就界定了研究所需的一切，但是你却没有界定这些体验发生在其身上的个体；你界定了所有的一切，却没有界定这个存在的人本身。治疗是一项我们在其中无法回避将个体看作存在的人这种必要性的活动。

因此，让我们提出这个问题：使得咨询室中这位患者成为一个存在的人的本质特征是什么？我想提出六个我将其称为原理[1]的特征，这些原理是我在作为一位心理治疗师的工作中发现的。尽管这些原理是从许多案例中所得到的大量思维和体验的产物，但是我将选用赫琴斯夫人案例中的一些情节来对这些原理进行论证。

首先，赫琴斯夫人像每一个存在的人一样，是以她自己为中心的，而且对这个中心的攻击就是对她的存在本身的攻击。这是我们与所有其他生物所共有的一个特征——这在动物和植物身上都是不言而喻的。我一直对此感到十分惊异，即当我们砍断新罕布什尔农场中一棵松树的顶枝时，这棵树会长出一根新的枝丫，天知道哪里将成为一个新的中心。但是，这条原理与人类有一种特殊的关联，它为我们理解疾病与健康、神经症和心理健康提供了一个基础。神经症不应被看作一种对我们关于一个人应该成为什么样子的特定理论的偏离。相反，难道神经症不恰恰是个体用来保存他自己的中心、他自己的存在的方法吗？他的症状是他为了保护他自己存在的中心不受到威胁而缩小他的世界范围的方法（这正是赫琴斯夫人让自己不能说话的图解中所表明的）；这是他将环境这一方面阻挡在外的一种方法,这样对于剩下来的那些东西来说,他可能就是恰当的。在赫琴斯夫人来到我这里进行治疗之前,她曾在另一位治疗者那里进行过一个月六次的治疗。在一种显然是没动脑筋地想要使她消除疑虑的努力中,那位治疗者告诉她,她太正统了,太克制自己了。她对此的反应是非常心烦意乱,并很快就中断了治疗。现在,从技术上讲,治疗者是完全正确的;但是从存在方面讲,他又是完全错误的。根据我的判断,他所没有看到的是:正是赫琴斯夫人根本就不想去克服的这种正统、这种过度控制,是她不顾一切地想要保存她所拥有的不确定的中心这种尝试的一部分。就好像她所说的,"如果我展现自我,如果我与别人进行沟通,那我将会失去我所拥有的生命中小小的空间"。

顺便说一下,我们在这里可以看到,将神经症界定为适应的一种失败,是多么不恰当。适应恰恰就是神经症的内涵,而神经症仅仅是适应的困难。它是一种中心据此能够得到保存的必要的适应,是一种接受非存在的方式,这样一些小的存在就可以得到保存。而且在大多数情况下,当这种适应失败时,它就是一种裨益。

这是当赫琴斯夫人走进来时,我们唯一能够假定的关于她(或者关于其他任何患者)的东西:她像所有其他的生物一样,需要中心,而这已经失败了。以出现相当大的混乱为代价,她采取了行动——也就是前来寻求帮助。因此,我们的第二条原理是:每一个存在的人都具有自我肯定的特性,即都需要保存他的中心。我们为人类身上这种自我肯定所取的特定名字叫"勇气"（courage）。保罗·蒂利希所撰写的《存在的勇气》（*The Courage to Be*）在这一点上对于心理治疗来说是非常具有说服力的，而且是具有非常丰富的创造力的。他坚持认为，人类的存在绝非自动给予的，而是取决于个体的勇气；如果没有勇气，个体就会失去存在。这就使得勇气本身成为一种必需的本体论推论。照此说来，我作为一位治疗者，应将重点放在患者那些与意志、决定、选择有关的表达上。如果我不能确定患者知道我已经听到了他所说的话，那我绝不会漏掉他可能会说的诸如"也许我能""或许我能试一下"等微不足道的话语。认为意志是愿望的产物，只是一种部分的真理；相反，我强调，真理在于，愿望在其真实的能力范围内是绝不可能出现的，除非与意志一起。

现在，当赫琴斯夫人嘶哑地说着话时，她带着一种既害怕又充满希望的复杂表情看着我。显然，有一种关系不仅在这里存在于我们之间，而且在等候室的预期中，甚至在她考虑要来寻求治疗时就已经出现了。她在与那种跟我分享的可能性作斗争。因此，我们的第三条原理是：所有存在的人都具有走出他们自己的中心并参与到其他存在之中的需要和可能性。这总会涉及风险。如果这个有机体走出去太远，那它就会失去它自己的中心——它的同一性——这是一种在生物界非常容易看到的现象。例如，舞毒蛾在几年的时间里数量飞速地增长，以令人难以相信的速度吃光了树上的叶子，最后把自己的食物吃尽，于是渐渐地灭绝。

但是，如果神经症患者非常害怕失去他自己的中心（这是一种冲突的想法），以至于他拒绝走出去，僵化地阻止自己，使自己生活在缩小的反应与收缩的世界空间中，那么正如我们在第一章所提到的，他的成长与发展就会受阻。这就是神经症压抑和抑制的模式，是弗洛伊德那个时代常见的神经症形式。但是，在我们这个崇尚顺从和外部导向的时代，最为常见的神经症模式却很可能呈现相反的形式——在对他人的参与和认同中，分散自己的自我，直到自己的存在完全消失。就像舞毒蛾一样，我们摧毁了我们自己的存在。在这一点上，我们看到，马丁·布伯（Martin Buber）在某种意义上作出了恰当的强调，哈里·斯塔克·沙利文在另一种意义上也作出了恰当的强调，他们认为如果没有参与到其他自我之中，我们就不能将人类理解为一种自我。实际上，如果我们成功地找到了这些关于存在的人的本体论原理，我们就会发现这是正确的，即这六条原理中缺任何一条，都将意味着我们不具有作为一个人的存在。

我们的第四条原理是：中心主观的一面是觉察。古生物学家皮埃尔·泰亚尔·德日进（Pierre Teilhard de Chardin）才华横溢地描述了在从变形虫到人类的所有生命形式中，这种觉察是如何以上升的方式存在的。霍华德·里德尔（Howard Liddell）描述了海豹在其自然的栖息地是怎样每隔十秒钟就会把头伸出来一次，察看一下地平面,甚至在睡觉的时候也会这样做,以免因纽特猎人带着弓箭偷偷摸摸地攻击它们。里德尔将动物身上这种对其存在之威胁的觉察叫作警觉,而且他认为人类在感到焦虑时所表现出来的东西,与动物身上这种原始的、简单的形式是一样的。

我们前四条独特的原理是我们存在的人与所有其他生物所共有的,它们位于人类所参与的生物学的水平。现在,第五条原理所指的就是人类所特有的特征,即自我意识(self-consciousness)。人类所特有的觉察形式是自我意识。我们并不是将觉察(awareness)等同于意识。正如里德尔在上文中所指出的,我们是将觉察与警觉联系到了一起。这得到了这个术语的词源学支持——它来自盎格鲁-撒克逊语的 *gewaer*,*waer* 指的是关于外在危险与威胁的知识。与它同词源的词有 beware 和 wary。觉察当然就是在一个个体对于威胁的神经症反应中所发生的事情,例如,在赫琴斯夫人前几个小时的体验中,我对她来说也是一个威胁。相反,我们不是将意识定义为我对来自世界的威胁的简单觉察,而是将其定义为关于我知道自己是一个受到威胁的存在的能力,是我认为自己是一个拥有一个世界的主体的体验。正如库尔特·戈尔德斯坦(Kurt Goldstein)所提出的,意识是人超越即时的具体情境、根据任何可能的情境生活的能力,而且它是人类使用抽象观念和一般概念、拥有语言和符号的能力的基础。这种意识的能力是人类所拥有的关于其世界的巨大可能性的基础,而且它构成了心理自由的基础。因此,人类自由有其本体论的基础，而且我认为，在所有的心理治疗中都必须假定这一点。

正如我们在上文中所提到的，皮埃尔·泰亚尔·德日进在他的著作《人的现象》(The Phenomenon of Man)中，描述了所有进化的生命形式中的觉察。但是，在人的身上，出现了一种新的机能，这就是自我意识。皮埃尔·泰亚尔·德日进开始论证某种我一直都相信的观点，即当一种新的机能出现时，整个先前的模式、有机体的整个格式塔（Gestalt）就会发生变化。此后，我们就只能根据这种新的机能来理解该有机体。也就是说，这种坚持认为我们可以根据在进化等级上处于其下的更为简单的元素来理解有机体的观点，只有部分是正确的；认为每一种新的机能构成了一个新的复杂事物，认为它会制约这个有机体身上所有更为简单的元素的观点，同样也是正确的。从这个意义上说，我们只能根据更为复杂的元素来理解简单的元素。

这就是自我意识在人身上所起的作用。现在，所有更为简单的生物机能都必须根据这种新的机能来进行理解。当然，任何人都绝不会否认这些旧的机能，也不会否认人在生物学上与其他更为简单的有机体所共有的一切东西。以性欲为例，这显然是我们与所有哺乳动物所共有的。但是，由于具有自我意识，正如在治疗中一直被证明的，性成了一个新的格式塔。此时，性冲动受到了那个作为伴侣的人的制约；我们绝不能排除在现实、幻想，甚至在压抑的幻想中对另外某个男性或女性的看法。我们在性方面与其相联系的另一个主观的人在神经症性欲，即强迫性性欲或卖淫这样的模式中，几乎是没有任何影响的，这一事实仅仅是更加坚定地证明了这一点，因为这样的事实所需要的恰恰就是阻止、离开以及对自我意识的歪曲。因此，如果我们像金赛（Kinsey）那样根据性对象来谈论性欲，那我们可能会收集到有趣的、有用的统计资料，不过我们仅仅是没有谈论人类的性欲而已。

我在这里所说的内容没有哪一点可以被看作反生物学的。相反，我认为，只有从这种观点出发，我们才能理解人类生物学，而不会歪曲它。正如克尔凯郭尔所恰当指出的，"自然规律像任何时候一样有效"。我仅仅是反对不加批判地接受这种假设，即认为我们只能根据那些从进化等级上看在其之下的元素来理解有机体。这个假设使得我们忽略了这个自明的真理，即：使一匹马之所以成为一匹马的不是那些它与在其之下的有机体所共有的元素，而是那些使它成为独特的"马"的元素。现在，我们在神经症中所处理的就是那些人类所特有的特征和机能。在我们那些受到干扰的患者身上，正是这些东西出了差错。这些机能产生的条件是自我意识——这解释了弗洛伊德所恰当地发现的东西，即神经症模式是以压抑和意识的阻碍为特征的。

因此，治疗者的任务不仅是帮助患者学会觉察，更为重要的是，帮助患者将这种觉察转变为意识。觉察是患者知道在他的世界中有某个来自外部的东西正在对他产生着威胁——正如在患妄想症的人以及与他们相类似的神经症患者身上所出现的，这可能是一个与大量见诸行动的（acting-out）行为相关的条件。但是，自我意识将这种觉察放到了一个相当不同的层面：是这位患者看到了他是受到了威胁的那个人，他是那个站在会产生威胁的世界中的存在，他是拥有一个世界的主体。而这给予了他洞察、"向内看"以及看到这个关于他自己的世界及其问题的可能性。因此，这也就给予了他针对这些问题而采取一些措施的可能性。

现在回到我们这位好长时间都没有提到的患者身上。经过大约25个小时的治疗后，赫琴斯夫人做了下面这个梦：在某个机场一套未修整好的房子里，她正在一个房间接一个房间地寻找一个婴儿。她认为，这个婴儿是属于另外某个人的，但是那个人可能会让她借用一下。现在，她好像将婴儿放进了她的长外套（或者是她母亲的长外套）的一个口袋里，而且她感到非常焦虑，担心这个婴儿会窒息。让她非常高兴的是，她发现这个婴儿还活着。然后，她突然冒出来一个奇怪的想法："我是否要杀死他？"

这套房子在机场，她在大约20岁的时候在那里学会了单飞，这是一项非常重要的自我肯定以及独立于父母的举动。这个婴儿是与她最小的儿子联系在一起的，她经常将自己等同于这个小儿子。请读者们允许我省略大量使她和我都信服了的相关证据，这些证据表明这个婴儿代表了她自己。这个梦是自我意识出现与发展的一种表现形式，这是一种她并不确定是否属于她自己的意识，而且也是一种她在梦中考虑要将其杀死的意识。

大约在她开始治疗的六年以前，赫琴斯夫人脱离了她父母的宗教信仰，她曾与这种信仰之间有一种极具独裁主义色彩的关系。然后，她加入了自己所信仰的宗教教会。但是，她从来都不敢把这件事情告诉她的父母。相反，当他们来看她时，她会非常紧张地参加他们的教会活动，唯恐她的哪个孩子会把这个秘密泄露出来。在经过大约35次治疗后，当她考虑写信给父母，告诉他们这个信仰改变的秘密时，她突然在两周的时间内发病，时不时地昏厥在我的办公室中。她会突然变得非常虚弱、脸色刷白，她会觉得自己空了，"就像内心被水冲了一样"，而且她必须要在长沙发椅上躺下来休息一会儿。在进行回顾时，她将这一次次的发作称作"为了忘却而控制"。

然后，她写信给她的父母，完全彻底地告知他们她的信仰的改变，并使他们相信，想要控制她是没有任何益处的。在接下来的治疗过程中，她非常焦虑地问我是否认为她将会变成精神病患者。我回答道，尽管我们每个人都可能在某个时间有这么一段插曲，但是我看不出来有更多理由表明她应该比其他人更可能得这个病。而且我问她，她对患上精神病感到害怕是否并不是源自她反对其父母而产生的焦虑，就好像是她感觉到，真正地成为她自己就相当于发疯了。可能需要提及的是，我已经多次注意到，患者会将他们所体验到的这种对于成为自己而产生的焦虑等同于精神病。这并不奇怪，因为一个人对于自己的欲望以及肯定这些欲望的意识，通常会涉及接受自己的创造性和独特性，而这意味着他要准备好不仅与那些他一直以来所依赖的父母这样的人物相隔离，而且此刻还要孤立地存在于整个心理世界中。

在赫琴斯夫人身上，我们看到了自我意识的出现在三个方面产生了深刻鲜明的冲突。有趣的是，赫琴斯夫人的主要症状是否认那种人类独特的基于意识的能力，即：（1）杀死那个婴儿的诱惑；（2）通过昏厥来控制忘却，就好像她在说，"只有我没有意识到，我才能逃避告诉我的父母这个可怕的问题"；（3）精神病焦虑。

现在，我们来看一下第六个，也是最后一个本体论特征：焦虑（anxiety）。焦虑是人类在与那些将要摧毁他的存在的东西作斗争时的状态。用蒂利希的话来说，这是一种某个存在与非存在相冲突的状态，是一种弗洛伊德用死本能（death instinct）这个强大的、重要的象征来虚构地描述的冲突。这场斗争的一翼总是反对个人自我之外的某个东西。但是，对于心理治疗来说，更为奇特和重要的是这场战争的内在一方，这就是我们在赫琴斯夫人身上所看到的——当她面对是否要抵抗她自己的存在、她自己的潜能以及在多大的程度上去抵抗这个选择时，她内在的那种冲突。

从一种存在的观点出发，我们非常重视赫琴斯夫人以杀死那个婴儿或杀死她自己的意识这些形式表现出来的诱惑。我们既不会通过称其为"神经症"或认为它仅仅是疾病的产物而一带而过，也不会把它当作无关紧要的东西，打消她的疑虑，说"好的，但是不需要这么做"。如果我们这么做的话，那我们就是用放弃她的一部分存在——也就是她更完全独立的机会——为代价来帮助她适应。接受自我意识中所涉及的这种自我面对其实很简单——为了鉴别其中的一些元素，包括：接受过去她所憎恨的东西、她母亲对她的憎恨以及她对她母亲的憎恨；接受她当前憎恨与破坏的动机；绕过关于她的行为及动机的合理化和错觉，并接受其中所暗含的责任和孤独；放弃儿童期的无限权力，接受这一事实，即尽管她不可能拥有选择的绝对确定性，但她无论如何都必须作出选择。但是，所有这些在本质上都非常容易理解的具体的每一点，都必须根据这一事实来认识，即意识本身一直暗含着反对自我、否认自我的可能性。人类存在的这种悲剧性本质是这一事实所固有的，即意识本身存在于每一刻想要杀死自己的可能性和诱惑之中。陀思妥耶夫斯基（Dostoevski）以及我们其他的存在主义先驱，在写到自由这种令人极度痛苦的负担时，并没有沉迷于诗歌的夸张法，也没有沉迷于表达喝了过多伏特加而产生的后效。

存在心理治疗将强调的重点放在生活的悲剧性方面这个事实一点都没有说明它持悲观主义。事实上完全相反。正如亚里士多德以及历史上其他人一再提醒我们的，从心理学上说，面对真正的悲剧是一种高度的宣泄。悲剧与人类的尊严和崇高是不可分割地联系在一起的，而且正如俄狄浦斯（Oedipus）、俄瑞斯忒斯（Orestes）、

《哈姆雷特》(Hamlet)以及《麦克白》(Macbeth)等戏剧中所阐明的,它是人们最伟大的洞见产生时刻的伴随物。

注释

[1] 以一种哲学的观点来看,这些原理可以称为"本体论原理"。

第二部分

文化背景

第三章
存在心理学的起源与意义

在最近几年，一些精神病学家和心理学家越来越强烈地意识到，我们在理解人类的方式上存在着巨大的鸿沟。这些鸿沟是他们在临床上及在咨询室中看到那些处于危机之中，而且其焦虑不会由于理论公式而减轻的人时（在面对这种纯粹的现实时）所要面对的；对于心理治疗师来说，这些鸿沟很可能是他们非常感兴趣的。但是，这个空白似乎也表明了科学研究中不可克服的困难。因此，欧洲的许多精神病学家和心理学家以及这个国家中的其他许多人一直在问他们自己这个使人不安的问题，还有一些人意识到了这些令人痛苦的产生于半压抑的、主动提出的相同问题的疑惑。

有这样一个问题：我们能否确信我们所看到的患者就是真实的他、能否根据他自己的现实来认识他，还是我们所看到的仅仅是一种我们自己关于他的观点的投射？诚然，每一位心理治疗师都具有他自己关于行为的模式及机制的知识，而且精通他那个特定流派所发展的概念体系。如果我们想要科学地进行观察的话，那么这样一种概念体系是完全必要的。但是，关键的问题一直都在于这种体系与患者之间的桥梁——我们怎样才能够确信我们这个原则上可能是绝妙地、完美地创立的体系，不管怎样都会与这个特定的琼斯先生，即在咨询室中坐在我们对面的一个活着的、即时的"现实"联系在一起呢？难道不会就是这个特定的个体需要另一个体系、另一个迥然不同的参考框架吗？难道不会恰恰就是因为我们依赖于我们自己这个体系的逻辑一致性，这位患者，或者是就此而言的任何人就会逃避我们的研究，就像海洋里的泡沫一样滑过我们科学的手指吗？

另一个这样令人痛苦的问题是：我们如何才能知道我们是否看到了那个在其真实世界中的患者，在这个世界中，他"生活着，活动着，并且拥有他的存在"，而且这个世界因为他而独特、具体，不同于我们关于文化的一般理论？很可能，我们从来都没有参与到他的世界中，也没有直接地认识它。然而，如果我们想要有任何机会来认识这位患者的话，就必须认识它，还要在某种程度上必须能够存在于其中。

这些问题促使欧洲的精神病学家和心理学家发起了"此在"分析或"存在"分析运动。"精神病学中的这种存在研究取向，"其主要代言人路德维希·宾斯万格写道，"产生于对精神病学中盛行的想要获得科学理解的努力的不满意……已经公认的是，心理学和心理治疗作为科学主要关注的是'人'，但根本就不是主要关注心理上有问题的人，而是人本身。关于这种新的关于人的理解，我们应将其出现归功于海德格尔关于存在的分析，这种新的理解是建立在这个新的概念基础之上的，即我们不再根据某种理论——可能是一种机械论的理论、一种生物学的理论，也可能是一种心理学的理论——来理解人类。"[1]

1. 是什么引起了这种发展？

在转而讨论这个关于人的新概念是什么之前，让我们注意这一点：这个在欧洲的不同地方、不同的流派之间自然地突然出现的取向，拥有一大批形形色色的研究者和具有创造性的思想家。在巴黎有叶甫盖尼·明可夫斯基；在德国有埃尔温·斯特劳斯，后来在这个国家，即德国，有 V. E. 冯·格布萨特尔，他主要代表了这次运动的第一阶段或现象学阶段；在瑞士，有路德维希·宾斯万格、A. 斯托奇（A. Storch）、M. 鲍斯（M. Boss）、G. 巴利（G. Bally），以及罗兰德·库恩；在荷兰，有 J. H. 梵·邓·伯格（J. H. Van Den Berg）和 F. J. 比腾代克（F. J. Buytendijk），等等。他们代表了更为具体的第二阶段或存在主义阶段。这些事实——这次运动是自然而然地出现的，在有些情况下，这些人都不知道他们的同事也在做着非常相似的研究，而且它不是某一位领导者脑力劳动的产物，它的产生应归功于很多不同的精神病学家和心理学家——证明了我们这个时代在精神病学和心理学领域一种普遍的需要。冯·格布萨特尔、鲍斯和巴利是弗洛伊德式的分析者；宾斯万格虽然身在瑞士，但当苏黎世小组与国际精神分析协会分裂时，他在弗洛伊德的推荐下，成了维也纳精神分析协会的一员。一些存在治疗者也受到了荣格式的影响。

这一事实使得这些非常富于经验的人变得焦虑不安，即尽管运用他们已经学会的技术来进行治疗是有效的疗法，但是，只要他们将自己限制于弗洛伊德式的以及荣格式的假设中，他们就不能清楚地理解为什么这些疗法会出现或不会出现，也不能理解在患者的存在中真正发生的是什么。他们拒绝使用在治疗者当中常见的用来减轻这些内在疑惑的方法——加倍努力地将个人的注意力转向完善自己错综复杂的概念体系。当他们为自己正在做的事情而感到焦虑或遭受怀疑的攻击时，心理治疗师当中出现了另一种开始专注于技术的倾向。也许减轻焦虑最直接的动因是，通过假定一种完全技术性的强调而将自己从问题中抽离出来。这些人抵制这种诱惑。正如路德维希·勒费布雷（Ludwig Lefebre）所指出的[2]，他们同样也不愿意假定像"力比多""潜意识压抑力"这样无法证实的动因，也不愿假定堆积在"移情"之下、用来解释正在发生的事情的各种过程。而且，他们对于把潜意识理论当作一张几乎任何解释都可以写在其上的、已经签好名字的空白纸，尤其强烈地感到怀疑。正如斯特劳斯所指出的，他们意识到，"更为经常地出现的是患者的潜意识观念，而不是治疗者的意识理论"。

这些精神病学家和心理学家所争论的不是具体的治疗技术。例如，他们承认，精神分析对于某些案例类型来说是非常有效的，而且他们当中有一些人是真正的弗洛伊德运动的成员，他们自己也使用这种技术。但是，他们所有人都对它关于人的理论感到非常怀疑。而且他们认为，关于人的概念中的这些难点和局限，不仅会严重地阻碍研究，而且从长远来看还会严重限制治疗技术的有效性和发展。他们试图理解这些特定的神经症或精神病，而且就此而言，任何一个人的危机情境都不是对这个或那个碰巧正在观察的精神病学家或心理学家的概念标准的偏离，而是在这个特定患者的存在结构中的偏离，是他的人类境况（condition humaine）的瓦解。"一种以存在-分析为基础的心理治疗研究这个将要接受治疗的患者的生活史……但是它并不根据任一心理治疗流派的学说或者凭借它所偏好的范畴来解释这种生活史。相反，它将这种生活史理解为对这位患者在这个世界上整个存在结构的修正。"[3]

宾斯万格自己为了理解存在-分析是如何使某一特定的案例清楚明白地显示出来而作出的努力，以及这种理解与其他的心理学理解方法相比如何，都鲜明生动地体现在他关于"艾伦·韦斯特"（Ellen West）的研究中。[4]1942年，宾斯万格完成了关于存在-分析的著作后，回到了这个由他担任主任的疗养院档案馆。他选择了一位最终自杀的年轻女性的个案史。这个案例开始于1918年，当时还没有电击疗法，精神分析还处于相对年轻的阶段，而且当时对心理疾病的理解在今天的我们看来似乎有些拙劣。宾斯万格在他的研究中使用这个个案，将那个时代的拙劣方法与存在心理治疗理解艾伦·韦斯特的方式进行了比较。

艾伦·韦斯特小的时候曾是一个顽皮的姑娘。在很早的时候，她就雄心勃勃，这表现在她所使用的一个句子中——"不成功便成仁"。在她快20岁的时候，非常明显地出现了持久的、无所不包的、像老虎钳一样限制她的困境；她在绝望与欢乐、愤怒与驯良之间摇摆不定，但最多的是在暴食与绝食之间摇摆。宾斯万格指出艾伦·韦斯特曾去求治的两位精神分析学家（其中一位的治疗时间为5个月，另一位的治疗时间稍短一些）的理解的片面性——他们仅仅根据本能、驱力以及宾斯万格称其为周围世界（Umwelt）（将在第九章进行讨论）的其他方面来解释她的问题。他尤其以一种字面上的翻译来反对弗洛伊德所提出的原理，"在我们看来，感知到的（观察到的）现象必须将它们的位置让与纯粹假设的（假定的）努力（倾向）"[5]。

在艾伦长期的生病过程中（关于她的病，我们今天可以把它称作严重的神经性厌食），她还向那个时代的两位精神病医生进行了咨询。其中一位是克雷珀林（Kraepelin），他将她诊断为"抑郁症"；另外一位是布洛伊勒（Bleuler），他给她提供了"精神分裂症"的诊断。

在这里，宾斯万格感兴趣的不是治疗的技术，他所关注的是尽力理解艾伦·韦斯特。她之所以使他着迷，是因为她似乎"爱上了死亡"。在她十几岁的时候，艾伦恳求"海王吻她，让她死去"。她写道，"死亡如果不是生活中唯一的幸福的话，那它就是最大的幸福"（p.143），"如果他（死亡）让我等得太久，伟大的朋友，死亡，那么我就将出发去寻找他"（p.242）。她一次又一次地写道，她想要"像鸟儿在至高的欢乐中爆裂其喉咙而死亡"那样地死去。

她作为一位作家的天赋表现在大量的诗歌、日记以及她关于疾病的叙述中。她使我们想起了西尔维亚·普拉斯（Sylvia Plath）的一首诗。宾斯万格提出了这个难题：是否有一些人只能通过自杀来实现他们的存在？"但是，只能通过放弃生命才能存在的存在，是一个悲剧性的存在。"

在宾斯万格看来，艾伦·韦斯特是克尔凯郭尔关于"致死的疾病"中绝望的描述的一个鲜明例子。宾斯万格写道：

> 然而，面对死亡的生活，正如克尔凯郭尔所说，意味着"为死亡而死亡"，或者正如里尔克（Rilke）和舍勒（Scheler）所提出的，是自己选择的死亡。歌德（Goethe）曾提出，不管是不是自己选择的死亡，每一次死亡、每一次

临终，都是一种生命的"自主行为"。正如他在提到拉斐尔（Raphael）或开普勒（Kepler）时所说的，"他们两个都突然结束了自己的生命"，但是他这么说的意思是，他们的非故意死亡是"由于外部的原因"而发生在他们身上的，"是外在的命运"，因此，我们可以反过来说艾伦·韦斯特自我导致的死亡是一种死亡或临终。在这个案例中，谁能说出内疲开始于何处，"命运"又终结于何处？[6]

宾斯万格在这个案例中是否成功地阐明了存在的原理，有待读者判断。但是，所有阅读这个冗长案例的读者都能感觉到宾斯万格在他的研究中所表现出来的令人惊异的认真程度，以及他丰富的文化背景与学识。

在这里，提到宾斯万格与弗洛伊德之间长期的友谊很有必要，这种关系是他们两人都非常看重的。在一本应安娜·弗洛伊德（Anna Freud）的要求而出版的关于他对弗洛伊德的回忆的小册子中，宾斯万格描述了他多次拜访弗洛伊德在维也纳的家，而且他还讲到弗洛伊德到他在康斯坦茨湖的疗养院中做客好几天。由于这种关系是弗洛伊德同所有与他的观点迥然不同的同事之间唯一持续下来的友谊，因此，它显得更为重要。在弗洛伊德给宾斯万格写给他的新年贺信的回信中，有一种深深地打动人心的东西："你，与那么多其他人都不一样，你没有让这种事情发生，你没有让你智力的发展——这种智力的发展已经使你越来越不受我的影响——破坏我们的私人关系，而你并不知道这种美好对一个人来说有多么大的益处。"[7] 不管这种友谊得以保存是因为他们两个人之间的智力冲突就像众所周知的大象与海象之间的斗争一样（它们永远都不可能在同一个地方相遇），还是因为宾斯万格某种外交式的态度（这是弗洛伊德在某个地方温和地责备过他的一种倾向），或者是因为他们对彼此的尊重与情感的程度很深，对此我们无法判断。然而，这一事实当然是非常重要的，即宾斯万格与这场存在运动的其他人在治疗中关注的并不是争论具体的动力本身，而是分析关于人性的潜在假设，并找到一种所有具体的治疗体系都能以其为基础的结构（structure）。

因此，仅仅将心理治疗中的这场存在运动等同于另一个脱离了弗洛伊德主义以及接下来的荣格以及阿德勒（Adler）的流派，显然是错误的。先前那些背离的流派，尽管是由传统治疗中的盲点引起的，而且通常在传统达到一个贫瘠的停滞期时出现，但是它们却是在一位创新领导者的创造性工作的推动下形成的。奥托·兰克（Otto Rank）对病人当下体验的新的强调出现在20世纪20年代早期，当时经典分析陷入了对病人的过去进行枯燥无味的理智化讨论这一困境之中；威廉·赖希（Wilhelm Reich）的性格分析（character analysis）作为对突破性格的"自我防御"这个特殊需要所作出的回应，出现于20世纪20年代后期；通过霍妮（Horney）

的研究，以及弗洛姆和沙利文的独特方法，新的文化取向（cultural approaches）在20世纪30年代得到了发展，当时传统的分析没有看到社会方面与人际关系在神经症与精神障碍中的真实重要性。现在，存在治疗运动的出现确实与这些不同的流派有一个共同的特征，那就是，正如我们在后面将要清楚阐述的，它同样也是由现存心理治疗取向中的盲点所引起的。但是，它在两个方面不同于其他的流派。第一，它不是任何一位领导者的创造物，而是在欧洲本土，由许多不同的地方自发地发起的。第二，它并没有声称要创立一个新的流派来反对其他的流派，或者给出一种新的治疗技术来反对其他的技术。相反，它试图分析人类存在的结构——这项事业如果成功的话，应该会给出一种对于作为处于危机之中的人所面临的所有情境之基础的现实的理解。

因此，这场运动意欲做的不只是使盲点清楚明白地显示出来。当宾斯万格写道"存在分析能够扩大和深化精神分析的基本概念以及对它的理解"时，在我看来，不仅关于分析，而且关于治疗的其他形式，他这么说都有合理的基础。

当存在心理治疗通过《存在》（Existence）这本书第一次被介绍到美国时，它遭到了许多抵制，尽管事实上它已经在欧洲风行了一段时间。虽然这种反对中的大多数已经平息下来，但是看一下这些抵制的性质还是有价值的。

对这项或任何新贡献的抵制的第一个根源是这种假设，即所有主要的发现都是在这些领域中做出的，而我们所需要做的仅仅是填补这些细节。这种态度就像是一位爱干涉他人事务的老者，就像是一直声名狼藉地存在于心理治疗流派之间的斗争中的一个未被邀请的客人。它的名字是"被组织化为教条的盲点"。尽管并不值得给予它一个答案，它也不容易受任何东西的影响，但是不幸的是，它在我们这个历史时期也许是一种比人们可能认为的更为普遍的态度。

第二个抵制的根源，同时也是需要认真地做出回答的根源是这种怀疑，即认为存在分析是哲学对精神病学的一种侵犯，而且它与科学没有什么关系。这种态度在一定程度上是19世纪最后的斗争在文化方面所遗留下来的伤疤，当时心理科学已经脱离形而上学，赢得了自由。所获得的这次胜利因此具有极大的重要性。但是，就像在任何战争的后果中所出现的一样，随之会产生对此相对极端的反应，这本身就是有害的。关于这种抵制，我们将做一些评论。

我们应该记住，精神病学与心理学中的存在运动正是源于一种想要变得具有更多而不是更少实证性的激情。宾斯万格及其他人认为，传统的科学方法不仅没有适当地处理数据，反而实际上倾向于隐瞒而不是揭露患者身上正在发生的事情。这场存在分析运动是对这种以迎合我们自己先入为主的形式来看待患者或者对他进行改造以符合我们自己偏好的意象的一种抗议。在这个方面，存在心理学在其最为广泛的意义上坚定不移地站在了科学的传统之中。但是，它通过历史的视角和学识的深度，通过接受这些事实，即人类在艺术、文学以及哲学中展现他们自己，通过得益于那些特定的、表达当代人之焦虑与冲突的文化运动的洞见，扩展了它关于人的知识。

在这里，提醒我们自己这一点也是很重要的，即每一种科学方法都有赖于哲学的前提。这些前提不仅决定观察者用某种特定的方法将能够看到多少现实——它们实际上是他所感知事物的眼镜——还决定他所观察到的东西是否与实际问题相关，并因此决定这项科学研究能否持续下去。天真地认为如果一个人避免了所有关于哲学假设的先入之见，那他就能最佳地观察到事实，是一种严重的（尽管是常见的）错误。他因此而做的一切只是不加批判地反映他自己有限文化所催生的那些狭隘的学说。在我们这个时代产生的结果是，科学被等同于隔离因素并从一个据称独立的基地观察这些因素的方法——这种特定的方法源自17世纪西方文化中所产生的主体与客体的分裂，并在19世纪后期和20世纪发展成为其特殊的区隔化形式。在我们这个时代，正如任何其他文化中的成员一样，我们是"方法论"的主体。但是，这看起来尤其是一种不幸，即我们在这样一个关键的对人进行心理学研究的领域中的理解，以及对依赖于它的情绪与心理健康的理解，却由于对有限假设的不加批判的接受而被削弱。海伦·萨金特（Helen Sargent）审慎而精辟地指出："与允许研究生认识到的相比，科学提供了更多可允许的误差"[8]。

难道科学的本质不是"现实是合法的"这个假设，并因此是可以理解的吗？难道任何方法都要不断地批判它自己的前提不是科学完整性的一个不可分割的方面吗？扩大一个人的"障眼物"的唯一方法是分析他的哲学假设。在我看来，在这场存在运动中，精神病学家和心理学家试图澄清他们自己的基础，这是非常值得赞扬的。正如亨利·艾伦伯格所指出的[9]，这使得他们能够以一种新的明晰性来看待他们的人类主体，并能够使心理体验的许多层面都清楚明白地显示出来。

第三个抵制的根源，而且在我看来是最为重要的根源是，这个国家极重视技术，而对于研究在这些考虑背景下的东西以找到所有技术都必须以其为基础的努力表现出毫无耐心的倾向。这种倾向可以根据我们美国的社会背景得到很好的解释，尤其是我们的边境史，而这可以很好地被合理化为我们乐观的、能动的对于帮助和改变人的关注。我们在心理学领域中的天赋直到最近一直体现在行为主义、临床和应用的领域，而我们在精神病学中的特殊贡献则表现在药物治疗和其他技术应用方面。高登·奥尔波特（Gordon Allport）描述过这一事实，即美国与英国的心理学（以及整体的智力氛围）都是洛克（Locke）式的——实用主义的——这是一种符合行为主义、刺激与反应体系以及动物心理学的传统。奥尔波特指出，这种洛克式的传统包括一种对于"心理白板"（tabula rasa）的强调，在这个白板上，体验要写下所有后来即将存在于那里的东西；而莱布尼茨（Leibniz）式的传统则认为心理具有它自己潜在的主动的核心。相反，欧洲大陆的传统一直是莱布尼茨式的。[10]现在，我们要清醒地提醒自己，直到10年前，心理学领域中每一个新的理论贡献（这些理论贡献都具有创新性和发展壮大的力量，能够导致一个新流派的出现），均来自欧洲大陆，只有两个例外——而且其中一个是由一位在欧洲出生的精神病学家传下来的。[11]在这个国家，我们倾向于成为一个实践者的民族，但是让人烦恼的问题是：我们将在哪里获得我们要实践的东西？直到最近，在我们对技术的全身心投入中（其本身是非常值得称赞的），我们已经倾向于忽略这一事实，即从长远来看，它本身所强调的技术甚至会打败技术。

在我看来，我们提到的这些抵制，远远不能削弱存在分析的贡献，它们恰恰证明了其对于我们思维的潜在重要性。尽管存在一些困难——部分是由于它的语言，部分是由于它的思维的复杂性——但我认为，它是一项具有重要性和独创性的贡献，值得我们对它进行认真的研究。

2. 什么是存在主义？

现在，我们必须开始讨论一个主要的障碍物——围绕存在主义（existentialism）这个词所产生的混乱。这个词被人们左右摆布，用来指很多东西，从巴黎左岸先锋派一些成员装腔作势地发出挑战这样的浅薄涉猎，到一种提倡自杀的绝望哲学，再到一种用一种非常深奥的语言写出来的、目的在于激怒所有存有经验主义思想的读者的反对理性主义的德国思维体系。相反，存在主义是现代情绪特征和精神特征之深刻维度的一种表现形式，而且它几乎表现在我们文化的所有方面。这不仅表现在心理学和哲学中，而且表现在艺术中——参看凡·高（Van Gogh）、塞尚（Cézanne）和毕加索（Picasso），以及文学中——参看陀思妥耶夫斯基、波德莱尔（Baudelaire）、卡夫卡（Kafka）以及里尔克。实际上，在许多方面，这是对当代西方人心理困境的独特的、具体的描述。正如我们将要看到的，这一文化运动与引起精神分析以及其他心理治疗形式的运动一样，根源于同样的历史情境、同样的心理危机。

关于这一术语的混乱，甚至通常会出现在具有很高文化水平的地方。《纽约时报》（*The New York Times*）在一篇报道中，针对萨特对俄国共产主义者在匈牙利镇压自由的行为进行谴责，并最终与他们脱离了关系这一事件作出评论，将萨特确定为"存在主义，一种广泛意义上的思维的唯物主义形式"中的一位领导者。这篇报道论证了产生这种混乱的两个原因——第一，伴随着萨特的著作的流传，大众的心理对存在主义产生了认同。除去这一事实，即萨特在这里是由于他的戏剧、电影和小说而著名，而不是由于他主要的、深刻的心理学分析，我们必须强调，他代表了存在主义中引起了误解的主观主义的极端，而且他的见解也绝不是对这场运动的最为有用的介绍。但是,《纽约时报》报道中第二个更为严重的混乱是,它将存在主义定义为"广泛意义上的唯物主义的"。没有什么比这个更不确切了——什么都不能,除非正好是它的对立面,即将它描述为思维的一种唯心主义的形式。这种取向的本质是,它试图在一个底切唯物主义对唯心主义这个古老的两难困境的层面分析和描画人类——无论是在艺术中、文学中、哲学中,还是在心理学中。

简而言之,存在主义是一种通过在主观与客观间的分裂背景下将它们切开以理解人的努力,这种主观与客观之间的分裂在文艺复兴之后不久便一直纠缠着西方的思维与科学。宾斯万格称这种分裂为"到目前为止所有心理学的肿瘤……是关于世界的主观-客观分裂学说的肿瘤"。在西方历史中,有一些用存在主义的方法来理解人类的著名的先驱,如苏格拉底(Socrates)在他的对话录中,奥古斯丁(Augustine)在他对自我的深蕴心理学分析中,帕斯卡尔(Pascal)在他为"理性并不知道的心的理性"找到一个位置而作的斗争中。但是,它恰恰正好出现于100多年之前克尔凯郭尔对他那个时代占据统治地位的理性主义——用马利丹(Maritain)的话来说,是黑格尔的"理性的极权主义"——的强烈反抗之中。克尔凯郭尔宣称,黑格尔将抽象的真理等同于现实,这是一种错觉,并且相当于欺骗。克尔凯郭尔写道:"只有当个体自己在行动中创造真理的时候,真理才会存在"。他以及那些追随他的存在主义者坚定地反对将人仅仅看作一名主体的理性主义者和唯心主义者——人只有被看作一个有思想的存在才是具有现实的人。但是，就像他们反对将人看作一种可以计算和操纵的物体这一倾向那样强烈，在西方世界还出现了一些几乎势不可当的趋势，这些趋势使人类变成毫无个性特征的单元，像机器人一样符合我们这个时代大工业的和政治的集体主义。

这些思想家为了理智主义自身的缘故而寻求与理智主义完全对立的东西。他们可能比经典的精神分析者更为强烈地反对将思维用作一种对抗活力的防御，也反对将其用作即时体验的一种替代物。社会学领域的一位早期存在主义者路德维希·费尔巴哈（Ludwig Feuerbach）作出了这个很有感染力的告诫："不要希望成为一个与成为一个人形成对照的哲学家……不要像一个思想家那样来思考……像一个活着的、真实的存在那样来思考。在存在中思考"[12]。

存在（existence）这个术语源自 ex-sistere 这个词根，字面意思是"突出，出现"。这确切地指明了不管在艺术中、哲学中，还是在心理学中，这些文化代表所寻求的东西——不是将人类描述为一种静态的物质、机制或模式的集合，而是用"出现的"和"生成的"，也就是说"存在的"来描述他们。因为不管我是由某某化学物质构成，或者我是根据某某机制或模式来做出行为这个事实多么有趣，或者从理论上来讲多么正确，关键的问题一直都是：我碰巧在时空中的这个特定时刻存在。而且我的问题是，我将如何意识到那个事实，而且关于这个事实我将做些什么。正如我们在后面将要看到的，存在心理学家和精神病学家并没有将关于动力、驱力和行为模式的研究排除在外。但是，他们坚持认为，在任何一个特定的个体身上，我们都无法理解这些，除非在贯穿其中的事实这一背景下来理解，即在这里，一个人碰巧存在、碰巧在这里；而如果我们不将这一点牢记于心，那我们所了解的关于这个人的所有其他东西都将失去其意义。因此，存在主义者的取向都是动态性的，存在指的是形成、生成。他们的努力是为了不要将这种生成当作一种情感上的人工制品来理解，而是将它作为人类存在的基本机构。当在下文中使用存在（being）这个术语时，读者们应该记住，这不是一个静态的词语，而是一个动词的形式，是动词 to be 的分词形式。存在主义基本上是关注于本体论（ontology）——存在的科学（ontos，来自希腊语的"存在"）。

如果我们回想起，在传统的西方思维中，"存在"一直被设成"本质"（essence）的对立面，那我们就能更为清晰地看到这一术语的重要性。本质所指好比一根树枝的绿色，它的密度、重量以及赋予它实质的其他特征。总的来说，自文艺复兴起，西方思维一直关注于本质。传统的科学试图发现这些本质或实质；正如怀尔德（Wild）教授所指出的，它假定了一种本质先于存在论的形而上学[13]。对本质的寻求可能真的会给科学带来具有重大意义的普遍规律，或者极大地使逻辑学或哲学抽象概念化。但是，它只能通过抽象化才能做到这一点。这个特定的个别事物的存在就不得不离开这幅画面了。例如，我们能够证明三个苹果再加三个等于六个。但是，如果我们用独角兽来代替苹果，结果同样也是正确的；不管苹果或独角兽是否真的存在，对于这个命题的数学真理来说没有任何影响。现实对于这个拥有苹果的人——也就是这个存在的一方——会产生一些影响，但是这与数学命题的真理是不相关的。再举一个更为严肃的例子，即：所有人都会死，这是一条真理；而说在某个年龄上死亡的百分比是多少，为这个命题提供了一种统计学上的精确性。但是，这两种声明都没有说到任何实际上对于我们每一个人来说都最为紧要的事实——你我都必须独自面对这一事实，即在将来某一个未知的时刻，我们都将会死。与本质先于存在论的命题相比，后面这些是存在的事实。

所有这些都是说，一个命题可能是正确的，但无须是真实的。可能正是因为抽象的东西在某些科学领域起着非常重大的作用，所以我们倾向于忘记了它必然会陷入一种脱离现实的观点，而且这些活着的个体也必须被忽略。在真理与现实之间，存在很大的差别。而我们在心理学以及关于人的科学的其他方面所面临的关键问题，恰恰是对于一个特定的活着的人来说什么从抽象方面来讲是正确的和什么从存在方面来讲是真实的之间这个大的差别。

为避免看起来我们是在提出一个人造的、关于假想对手的问题，我们指出，真理与现实之间这种大的差别是行为主义和条件作用心理学中那些老于世故的思想家所公开地和坦白地承认的。行为理论某个派别中的一位领导者肯尼斯·W. 斯宾塞（Kenneth W. Spence）写道："探明行为现象的任何一个特定领域是更为真实的，还是更为接近现实生活的，并因此在研究中给予优先权这个问题，不要或者至少不应该向作为科学家的心理学家提出"。这就是说，被研究的东西是不是真实的，并不是最关键的问题。那么，应该选择哪些领域来进行研究呢？斯宾塞将优先权给予了那些屈从于"抽象规律的系统阐述所需的控制的程度以及分析"的现象。[14] 再没有哪个观点的提出比这个更泰然自若、更为清晰了——所选择的是能够被还原为抽象规律的东西，而你所研究的东西是否具有现实性，与这个目标并不相关。以这种取向为基础，心理学中建立起了许多给人以深刻印象的、用抽象的概念高高堆积起来的体系——正如我们知识分子所习惯的那样，这些创作者们屈从于他们的"综合大厦"——直到创立了一种极妙的、庄严的结构。唯一的麻烦是，这栋大厦时常在其根基上与人类现实相分离。现在，存在主义传统中的思想家持与斯宾塞完全相反的观点，存在心理治疗运动中的精神病学家和心理学家也是这样的。他们坚持认为，建立一门人的科学是必要的，也是可能的，这门科学在人类现实中研究人类。

克尔凯郭尔、尼采以及那些追随他们的人都准确地预见了西方文化中真理与现实之间这种越来越大的裂痕，而且他们都试图努力将西方人从认为现实可以根据一种抽象的、分离的方式来理解这种错觉中召唤回来。但是，尽管他们强烈地反对枯燥无味的理智主义，他们却绝不是纯粹的行动主义分子。他们也不是反对理性主义的。在我们这个时代，我们绝对不能将使得思维从属于行动的反理智主义及其他运动与存在主义相混淆。这两种选择中的任何一种——使人成为主体或者使人成为客体——都会导致失去活着的、存在的人。克尔凯郭尔以及存在主义思想家都呼吁一种构成主观性与客观性之基础的现实。他们坚持认为，我们不仅应研究一个人的体验本身，更要研究正产生着这种体验的这个人——这个正在体验的人。他们坚持认为，"认知体验的客体不是现实或存在（being），而是'存在'（existence），是即时体验到的现实，其着重于人的即时体验的内在的、个人的特征"[15]。这种评论以及上文提到的一些评论都向读者表明了存在主义者与当今的深蕴心理学之间有非常密切的关系。19世纪，他们当中最伟大的人——克尔凯郭尔和尼采碰巧也一直是非常卓越的心理学家（从动力学的意义上说），而且这个流派的一位当代领导者卡尔·雅斯贝尔斯最初就是一位精神病学家，他还撰写了一本著名的关于精神病理学的教科书，这些都绝非偶然。当一个人阅读克尔凯郭尔关于焦虑和绝望的深刻分析，或者是尼采关于伴随压抑的情绪力量而产生的愤恨、内疚以及敌意的动力学中那些令人惊异的尖锐洞见时，他必须使自己认识到，他是在阅读上个世纪①所撰写的著作，而不是一些新的当代心理学分析。

---

① 指19世纪，就作者写作时间而言。——译者注

存在主义者主要关注于在现代文化的区隔化和非人化中重新发现活着的人，而为了做到这一点，他们就要进行深度的心理学分析。他们所关注的不是他们自己身上那些分离的心理反应，而是那个正在体验的活着的人的心理存在。这就是说，他们所使用的是具有一种本体论意义的心理学术语。

1841年冬天，谢林（Schelling）在柏林大学为包括克尔凯郭尔、布克哈特（Burckhardt）、恩格斯（Engels）、巴枯宁（Bakunin）等在内的一群著名的听众作了一系列著名的演讲。黑格尔庞大的理性主义体系在19世纪中期的欧洲得到了广泛的、占据统治地位的普及，其内容包括将抽象的真理等同于现实，以及将整个历史纳入一个"绝对的整体"中，但谢林开始推翻黑格尔。尽管谢林的许多听众对于他对黑格尔的回应感到非常失望，但是我们可以说，存在主义运动就是从那里开始的。克尔凯郭尔回到了丹麦，1844年出版了他的《哲学片段》（*Philosophical Fragments*）；两年后，他写下了存在主义的独立宣言——《非科学的最后附言》（*Concluding Unscientific Postscript*）。同样在1844年，叔本华的《作为意志和表象的世界》（*The World as Will and Idea*）再版，这部著作之所以在这场新运动中非常重要，是因为它主要强调了活力、"意志"以及"表象"。1844—1845年，卡尔·马克思（Karl Marx）撰写了两部相关的著作。早期的马克思在这场运动中非常重要，他攻击抽象的真理是"空想"，他同样也是将黑格尔作为他的代罪羔羊。马克思认为历史是人们与群体在其中使真理成形的竞技场的动态性观点，以及他关于现代工业主义的金钱经济是如何倾向于将人们变成事物的有意义的论断，还有他关于现代人的非人化的著作，在存在主义取向中同样都是非常重要的。马克思和克尔凯郭尔都接受了黑格尔的辩证方法，却用于完全不同的目的。也许需要特别提到，黑格尔的观点中潜在的存在主义元素，比他的对抗者所认识到的要多。

在接下来的几十年中，这场运动平息了下来。克尔凯郭尔仍然完全不为人所知，谢林的著作遭到了轻蔑而被埋葬，而马克思和费尔巴哈被看作教条主义的唯物主义者。随后，到了19世纪80年代，随着狄尔泰（Dilthey）的研究，尤其是尼采的研究、"生命哲学"运动以及柏格森（Bergson）的研究，一股新的原动力出现了。

存在主义的第三个阶段，也就是当代的阶段，出现在由第一次世界大战引起的对西方世界的冲击之后。克尔凯郭尔以及早期的马克思被重新发现，而尼采针对西方社会精神上的基础与心理上的基础所提出的严重挑战，再也不能被维多利亚时期自鸣得意的平静所遮没。第三个阶段的具体形式在很大程度上归功于埃德蒙德·胡塞尔（Edmund Husserl）的现象学，它为海德格尔、雅斯贝尔斯以及其他人提供了他们所需要的底切主观－客观分裂的工具，这种主观－客观分裂一直以来都是科学以及哲学中非常大的一个绊脚石。存在主义对真理是在行动中产生的这种观点的强调，与过程哲学，如怀特海（Whitehead），以及美国的实用主义，尤其是威廉·詹姆斯的哲学之间显然存在着一种相似性。[16]

海德格尔通常被看作现今存在主义思维的根源。他的创新性著作《存在与时间》(*Being and Time*)具有非常大的重要性,它为宾斯万格以及其他存在主义精神病学家和心理学家提供了他们所寻求的用来理解人类的深刻的、广泛的基础。海德格尔的思维是严密的,从逻辑上讲是深刻的,他用不屈不挠的活力和透彻性来追求他的探究所产生的所有影响,从这个欧洲意义上讲,他的思维又是"科学的"。他的著作很难翻译,但是麦夸里(Macquarrie)和鲁宾逊(Robinson)成功地翻译了《存在与时间》。[17] 萨特对于我们这个主题最大的贡献在于他对心理过程作了现象学描述。除了雅斯贝尔斯以外,其他著名的存在主义思想家还有法国的加百利·马瑟尔(Gabriel Marcel)、原先是俄国人但去世时是巴黎居民的尼古拉斯·别尔佳耶夫(Nicolas Berdyaev)以及西班牙的奥特加·加塞特(Ortegay Gasset)和乌纳穆诺(Unamuno)。保罗·蒂利希在他的著作中表现了这种存在主义的取向,而且他的著作《存在的勇气》在许多方面都是英语中最好的、最具说服力的将存在主义作为一种真实生活取向的描述。[18]

卡夫卡的小说描述了在现代文化中来自或针对存在主义所谈论的令人绝望的非人化情境。阿尔贝·加缪(Albert Camus)的《局外人》(*The Stranger*)和《鼠疫》(*The Plague*)是现代文学中非常优秀的代表作,在其中,存在主义部分是自我意识的。但是,关于存在主义之意义的所有描述中最为鲜明的也许是现代艺术中的描述，这部分是因为它是用象征性的手法来明确表达的，而不是被描述为自我意识的想法，还有部分是因为艺术总是能够非常清晰地揭露文化中潜在的精神特征和情绪特征。在这场现代运动中，诸如凡·高、塞尚、毕加索等杰出代表的著作中存在一些共同的因素：第一，他们都反抗19世纪后期伪善的学术传统；第二，他们都努力地想看穿表面以领会一种新的与自然现实的关系；第三，他们都努力地想恢复活力、诚实以及直接的美的体验；第四，他们都不顾一切地试图表达现代人类情境的即时的潜在意义，即使这意味着要描述绝望和空虚时，他们也这样做。例如，蒂利希坚持认为，毕加索的油画《格尔尼卡》(Guernica)最为扣人心弦地、最具有启发意义地描述了第二次世界大战之前欧洲社会原子的、分裂的状况，并且"体现了现在在许多美国人心灵中都存在的分裂、关于存在的怀疑、空虚以及无意义感"[19]。

存在主义取向是作为一种对现代文化中的危机的固有的、自然的回应而产生这一事实，不仅表现在它出现在艺术和文学领域中，还表现在欧洲各个不同地方的不同哲学家通常都发展了这些观点而他们互相之间并没有发生有意识的联系上。海德格尔的主要著作《存在与时间》是在1927年出版的，但奥特加·加塞特早在1924年就已经提出并在《艺术的非人化及其他关于艺术和文化的著作》(The Dehumanization of Art, and Other Writings on Art and Culture)

中发表了部分非常相似的观点。[20]

确实,存在主义是在一个文化危机时期诞生的,而且在我们这个时代总能发现它处在现代文化、文学和思想的剧烈革命的边缘。在我看来,这一事实为它的洞见的效度作了辩护,而不是相反。当一种文化陷于一个过渡时期的深刻骚动之中时,可以理解的是,这个社会中的个体就会遭受精神上与情绪上的剧变;而一旦发现公认的习俗惯例与思维方式再也不能带来安全感时,他们就会倾向于陷入教条主义和顺从之中,放弃他们的意识或者被迫为获得一种增强的自我意识而努力,据此用新的信念并在新的基础上意识到他们的存在。这是存在主义运动与心理治疗最为重要的相同点之一——两者都关注着处于危机之中的个体。而且完全不用说一个危机时期的洞见"仅仅是焦虑与绝望的产物",正如我们在精神分析中一次又一次地所做的那样,我们更可能发现,一次危机恰恰是使人们震惊地脱离对外部教条的潜意识依赖并迫使他们揭开虚假的层面以揭露关于他们自己的赤裸裸的事实所需要的,尽管这是让人不愉快的,但它至少是可靠的。

存在主义是一种态度,它将人理解为一直都处于生成之中,意思是说一直都潜在地处于危机之中。但是,这并不意味着它将是令人感到绝望的。苏格拉底是乐观的,他在个体身上对真理的辩证寻求,就是存在主义的原型。但是,可以理解的是,这样一种方法更容易出现在过渡的年代,即一个年代处于垂死的状态而另一个新的年代还没有诞生之际,而个体要么就是无家可归,迷失了,要么就是获得了一种新的自我意识。从中世纪向文艺复兴过渡的这段时期,是西方文化中一个激进的剧变时刻,帕斯卡尔着重描述了这种被存在主义者后来称为"此在"的体验:"当我考虑我简短的一生时,就会被我这一生前后的永恒无穷所淹没,考虑我所占据的,甚或是看到的那么小的空间,就会被那些我不知道的以及不知道我的无限广大的空间所吞没,我感到非常害怕,并为看到我自己在这里而不是在那里感到奇怪:因为没有理由为什么我应该在这里而不是在那里,是现在而不是在那个时候。"[21] 关于存在主义的问题很少有比这个更为简单或者更为绝妙的了。在这段话中,第一,我们看到了被存在主义者称为"被抛"(thrownness)的人类生活之偶然性的深刻认识。第二,我们看到帕斯卡尔坚定地面对"在那里"(being there)这个问题,或者更确切地说,是"在哪儿?"这个问题。第三,我们看到了这种认识,即我们无法在某种关于时间和空间的肤浅解释中找到庇护,帕斯卡尔对此很清楚,虽然他是一位科学家。第四,我们看到了从对于存在于这样一个宇宙中的存在的刻板意识中所产生的令人震撼的、深刻的焦虑。[22]

我们还需要注意存在主义与诸如老子的著作、佛教禅宗等所表现出来的东方思想之间的关系。它们之间的相似性是惊人的。我们只要看一下老子《道德经》当中的一些话就可以很快地看出这种相似性:"道可道,非常道。名可名,非常名。""无,名天地之始;

有，名万物之母。""道常无名，朴。虽小，天下莫能臣也。""故常无欲，以观其妙；常有欲，以观其徼。"[23]

在佛教禅宗中，我们同样也会震惊于它们之间的相似性。[24]这些东方哲学与存在主义之间的相似性，比语言之间偶然的相似性要深刻得多。两者都关注于本体论和关于存在的研究。两者都寻求一种与在主观－客观分裂之下切开的现实的联系。两者都坚持认为，西方这种对征服自然并获得战胜自然的力量的专注，已经不仅导致了人与自然的疏远，还间接地导致了人与自身的疏远。出现这些相似性的根本原因在于，东方的思想从来都没有遭受这种已经成为西方思想之特征的主观与客观之间的彻底分裂，而这种两分法正是存在主义试图克服的。

我们根本就不能将这两种取向相等同，它们是处于不同层面的。存在主义不是一种综合的哲学或生活之道，而是一种为了解现实而作出的努力。就我们的目的而言，这两者之间主要的明显差别是，存在主义沉浸于并直接地来自西方人的焦虑、疏远和冲突，而且它是我们的文化所固有的。与精神分析一样，存在主义也没有试图从其他文化中引进答案，而是试图利用当代人格中的这些冲突，将其作为西方人进行更为深刻的自我理解的手段，并为与产生这些问题的历史危机和文化危机有直接联系的问题找到解决方式。在这个方面，东方思想这种特定的价值观并不是像雅典娜随时会出生那样，它是不能够迁移到西方人心里的。相反，它是一种矫正我们的偏见的东西，突出了导致西方发展出现当前问题的错误假设。在我看来，当前西方世界对东方思想广泛地产生兴趣，是同样的文化危机、同样的疏远感、同样的对跳出这个导致存在主义运动的两分法恶性循环之渴望的一种反映。

注释

[1] L. Binswanger, "Existential Analysis and Psychotherapy," in: *Progress in Psychotherapy*, ed. Fromm-Reichmann and Moreno, New York: Grune & Stratton, 1956, p.144.

[2] 摘自与勒费布雷博士的私人交流。勒费布雷博士是一位存在心理治疗师，他是雅斯贝尔斯和鲍斯的学生。

[3] Binswanger, p.145.

[4] L. Binswanger, "The Case of Ellen West," in *Existence: A New Dimension in Psychology and Psychiatry*, ed. Rollo May, Ernest Angel, and Henri Ellenberger, New York: Basic Books, 1958, pp.237-364.

[5] Sigmund Freud, *Introductory Lectures on Psychoanalysis*, trans. and ed. James Strachey, New York: Liveright, 1979.

[6] Binswanger, "The Case of Ellen West," p.294.

[7] L. Binswanger, *Sigmund Freud: Reminiscences of a Friendship*, trans. Norbert Guterman, New York: Grune and Stratton, 1957.

[8] Helen Sargent, "Methodological Problems in the Assessment of Intrapsychic Change in Psychotherapy," 未出版文献。

[9] *Existence*, pp.92-127.

[10] Gordon Allport, *Becoming, Basic Considerations for a Psychology of Personality*, New Haven: Yale University Press, 1955.

[11] 要理解这一点，我们只需指出这种新理论的创始人：弗洛伊德、阿德勒、荣格、兰克、斯特克尔（Stekel）、赖希、霍妮、弗洛姆，等等。据我所知，两个例外是哈里·斯塔克·沙利文的流派和卡尔·罗杰斯的流派，而且前者与出生于瑞士的阿道夫·梅耶（Adolph Meyer）的研究有间接的联系。甚至罗杰斯也可能部分地论证了我们的观点，因为尽管他的观点具有明确的、一致的关于人性的理论含义，但是他注意的焦点一直都在于"应用"方面，而不是"纯粹的"科学方面，而且他关于人性的理论在很大程度上应归功于奥托·兰克。

[12] 摘自 Paul Tillich, "Existential Philosophy," *Journal of the History of Ideas* 5, 1944, pp.44-70。

[13] John Wild, *The Challenge of Existentialism*, Bloomington: Indiana University Press, 1955. 由于海森堡（Heisenberg）、博尔（Bohr）的观点，现代物理学以及与此相似的趋势都在这一点上发生了改变。正如我们将要看到的，这与存在主义发展的一个方面是相平行的。在上文中，我们所谈论的是关于西方科学的传统观念。

[14] Kenneth W. Spence, *Behavior Theory and Conditioning*, New Haven: Yale University Press, 1956.

[15] Tillich, 同前。

[16] 那些希望对这场存在运动本身有更多了解的人，可以参考蒂利希前面引用过的书，因为我在上文中所引用的历史资料大多数都摘自蒂利希的论文。

[17] Martin Heidegger, *Being and Time*, trans. John Macquarrie and Edward

Robinson, New York: Harper & Row, 1962. 海德格尔宣称，其后的"存在主义者"这个标题开始变得等同于萨特的研究。从严格的意义上说，他称他自己为一位哲学家或本体论者。但是无论如何，我们都必须坚持足够的存在主义观点，不要在关于标题的争论中纠缠不清，而是要吸收每一个人研究的意义与精神，而不是这些字面意思。马丁·布伯同样对于被称为一位存在主义者感到不高兴，尽管他的研究与这项运动有着明确的密切联系。对于理解该领域中的术语感到困难的读者，真的是很多！

[18] Paul Tillich, *The Courage to Be*, New Haven: Yale University Press, 1952.《存在的勇气》作为一部关于危机的生命取向的存在主义著作，与之对照的是关于存在主义的著作。像上面提到的大多数思想家一样，蒂利希也不应该被贴上纯粹的存在主义者这样的标签，因为存在主义是一种提出问题的方法，它本身并不会给出答案或规范。蒂利希有两条合理的规范——在他的分析中理性的结构一直都是很突出的——以及宗教的规范。一些读者可能会发现《存在的勇气》当中的宗教元素与他们自己的并不一致。但是，注意到这非常有意义的一点是很重要的，即这些宗教的观点（不管人们是否赞同）确实论证了一种真正的存在取向。这可以从蒂利希的"超越上帝的上帝"这个概念，以及认为"绝对信念"不是对于某种内容或某个人的信念，而是一种存在的状态，一种与以勇气、接受、充分的承诺等为特征的现实相联系的方法这一观点中看出。这种对于"上帝的存在"的一神论论点，不仅支持了这种观点，还例证了西方思维习惯中最为腐化的方面——将上帝看作一种物质或客体，存在于一个客体的世界上，而且在与它相联系时，我们是主体。蒂利希指出，这是"糟糕的神学"，它会导致"上帝像尼采曾经说过的那样，肯定会被杀死，因为没有任何人能够忍受被看成一个关于绝对知识与绝对控制的纯粹的客体"（p.185）。

[19] Paul Tillich, "Existential Aspects of Modern Art," in: *Christianity and*

the Existentialists, ed. Carl Michalson, New York: Scribners, 1956, p.138.

[20] José Ortega y Gasset, *The Dehumanization of Art, and Other Writings on Art and Culture*, New York: Doubleday Anchor, 1956, pp.135-137.

[21] Pascal, *Pensées*, ed. and trans. Gertrude B. Burford Rawlings, New York: Peter Pauper Press, 1946, p.36.

[22] 因此，这并不奇怪，这种关于生活的取向尤其是针对许多现代市民说的，这些市民意识到了他们在其中发现了他们自己的情感困境和精神困境。例如，诺伯特·维纳（Norbert Wiener）在他的自传中指出，从个人方面来讲，他的科学活动将他引向了一种"积极的"存在主义，尽管他的科学研究的真实含义可能与存在主义者所强调的迥然不同。"我们并不是为了要在不确定的将来获得一个确定的胜利而进行斗争，"他写道，"存在与已经存在就是可能取得的最大胜利。没有哪种失败可以剥夺我们已经取得的这项成功，即在这个似乎对我们漠不关心的世界上，我们已经存在于时间的某些时刻当中。" *I Am a Mathematician*, New York: Doubleday.

[23] Witter Bynner, *The Way of Life, According to Laotzu, an American Version*, New York: John Day, 1946.

[24] 参见 William Barrett, ed., *Zen Buddhism, the Selected Writings of D. T. Suzuki*, New York: Doubleday Anchor, 1956, p.xi。

第四章
存在主义与精神分析是怎样从相同的文化情境中产生的

现在，我们来看一下存在主义者和精神分析者所致力于研究的现代人的问题之间惊人的相似性。从不同的视角，在不同的水平上，二者都分析了焦虑、绝望、人与自己以及社会的异化，而且二者都寻求一种整合的综合以及人类生活中的意义。

弗洛伊德将19世纪后期的神经症人格描述为一种遭受分裂的人格——遭受本能驱力的压抑、意识的阻隔、自主性的丧失、自我的虚弱与被动性，再加上由于这种分裂而产生的各种神经症的症状。克尔凯郭尔——他撰写了在弗洛伊德之前唯一一本为人所知的专门论述焦虑问题的著作——不仅分析了焦虑，还特别分析了由于个体的自我疏远而产生的抑郁和绝望，个体的这种自我疏远是一种他会进一步根据其不同的形式和不同的严重程度来作出澄清的疏远。[1]在弗洛伊德出版第一部著作的十年前，尼采宣称，当代人的疾病是"他的灵魂已经变得陈腐不堪"，他感到"极其厌烦"，而且在那儿到处都弥漫着"一种坏了的气息……一种失败的气息……欧洲人的这种整平和缩减是我们的最大危险"。然后,他用一些非常明显地预测了后来精神分析的概念的术语,进一步描述了那些被阻隔的本能力量是怎样在个体内部转变成愤恨、自我怨恨、敌意和攻击的。弗洛伊德并不知道克尔凯郭尔的研究,但是他认为尼采是历史上真正的伟人之一。

这三位19世纪的伟人中的任何一位都没有直接地影响到另外两位,他们之间是什么样的关系呢?而且他们发起的这两种关于人性的取向——存在主义与精神分析之间是怎样的关系呢?也许这两种取向已经撼动了传统上关于人的概念,并且实际上是导致这些传统概念瓦解的最为重要的取向?要回答这些问题,我们必须深入探究19世纪中期和后期的文化情境,这两种关于人的取向都是来自这种文化情境,而且这种文化情境是这两种取向都试图予以回答的。一种理解人类的方式,如存在主义或精神分析的真正意义,永远都无法在那些与它们的世界相分离的抽象东西(abstracto)中被看到,相反只能在它诞生的历史情境背景下才能看到。因此,接下来这些有关历史的讨论根本就没有绕过我们的主要目的。实际上,也许正是这种有关历史的观点使得我们的主要问题清楚明白地显示了出来——弗洛伊德为探究维多利亚时期个体的分裂而发展的特定科学技术,是怎样与由克尔凯郭尔和尼采提出并且在后来为存在心理治疗提供了一个广泛的深刻基础的关于人及其危机的理解联系在一起的。

19 世纪的区隔化与内部崩溃

19世纪后半叶的主要特征是人格破裂成碎片。正如我们将要看到的，这些分裂是在这种文化以及个体身上所出现的情感分裂、心理分裂以及精神分裂的症状。我们不仅在心理学和这个时期的科学中，而且几乎在19世纪文化的每一个方面，都可以看到这种个体人格的分裂。我们可以在易卜生（Ibsen）的《玩偶之家》（*A Doll's House*）所鲜明地描述和抨击的家庭生活中看到这种分裂。那位将他的妻子和家庭保存在一个区隔之中、将他的生意和其他世界保存在其他的区隔之中的"可敬"市民，正在使他的家成为一个玩偶之家，而且他正在为这个家的崩溃瓦解作准备。同样，在艺术与生活现实的分离中，我们也能看到这种区隔化，人们以润饰的、浪漫的、学术的形式将艺术用作一种伪善的、对于存在和自然的逃避，艺术被当作了人造的东西，这是塞尚、凡·高、印象主义者以及其他的现代艺术运动都非常强烈地反对的。而且，我们还可以在宗教与日常存在的分离中看到这种分裂，我们使之成为在每个星期日做的一种事情和特殊的仪式，而且在伦理与商业的分离中也能看到这种分裂。这种分裂也正出现在哲学与心理学中——当克尔凯郭尔激情澎湃地反对推崇一种枯燥无味的、抽象的理性并呼吁一种现实的回归时，他绝不是在攻击一个假想的对手。维多利亚时期的人将他们自己看作分成了理性、意志和情感三部分，并认为这样一幅画面是很好的。他期望他的理性会告诉他该做什么，唯意志论的意志会给予他这么做的手段，而情感——是的，情感——最好被引导进入强迫性的商业动机，并严格地将其组织化进维多利亚时期的习俗惯例中；而那些真的会打乱正式分割，如性与敌意之间的分割的情感，将会被坚定地压抑下去，或者只在爱国精神的狂欢中、在控制得很好的波希米亚周末"闹饮作乐"上，才会表现出来，这样人们就可以像一辆已经放掉了多余压力的蒸汽机一样，星期一早上一回到办公桌前就可以更为有效地投入他们的工作之中。自然，这种类型的人必须非常重视"理性"。实际上，正是非理性的（irrational）这个术语，意味着一种不能去谈也不能去想的东西；而维多利亚时期的人的压抑、区隔化以及那些没有被想到的东西，是这种文化外观上保持稳定性的一个前提。夏克泰尔（Schachtel）已经指出，维多利亚时期的市民是如此地需要劝服他自己去相信自己的理性，以至于他否认他曾经是一个小孩或者他曾具有一种小孩的非理性并且缺乏控制这一事实。因此，成人与儿童之间出现了根本的分裂，这种分裂对弗洛伊德的研究而言是怪异的。[2]

这种区隔化与正处于发展中的工业主义结合在一起，既作为原因，也作为结果。一个能够使生活的不同部分完全分离、能够每天在完全相同的时间让闹钟响起的人，他的行动永远都是可以预测的，他从来都不会受到非理性的冲动或富有诗意的想象力的干扰，他能够真正地用拉动控制杆操控机器的方式来操控他自己；这样的人不仅在流水线上是最有用的，甚至在许多层次更高的生产中也是最有用的。正如马克思和尼采所指出的，下列推论同样是正确的：正是这种工业体系的成功以及使一个人与其手中的真实产品完全分离的、作为一种个人价值合法化手段的金钱的积累，在一个人与他人的关系以及与自己的关系中，对他产生了一种相应的失去人性的、非人化的影响。早期存在主义者所强烈反对的正是这些使人成为一台机器、对他进行改造以符合他为其劳动的工业体系意象的非人化倾向。而且他们意识到，最为严重的威胁是，理性将会加入机械学来耗竭个体的活力和果断性。他们预测，理性正在被还原成一种新的技术。

我们这个时代的科学家通常都没有意识到这种区隔化，最终，它成了我们继承而来的这个世纪的科学的特征。用恩斯特·卡西尔（Ernest Cassirer）的话来说，19世纪是一个"自主科学"的时期。每一种科学都朝着自己的方向发展；它们没有统一的原则，尤其在关于人的方面。这个时期关于人的观点得到了通过科学进步积累起来的经验证据的支持，但是"每一种理论都成了一种强求一致的制度，经验事实在其中被曲解以符合一种预想的模式……由于这种发展，我们现代关于人的理论失去了其智力中心。相反，我们获得的是一种完全混乱的思想状态……神学家、科学家、政治家、社会学家、生物学家、心理学家、人种学家、经济学家等都根据他们自己的观点来探讨这个问题……每一位创造者最终似乎都是遵循他自己关于人类生活的概念和评价的引导的"[3]。难怪马克斯·舍勒（Max Scheler）宣称："没有哪个时代关于人类的知识比我们这个时代更让人变得对他自己感到怀疑。我们有一种科学的、一种哲学的以及一种神学的人类学，但它们却互相一无所知。因此，我们不再拥有任何关于人的清晰的、一致的观点。那些从事关于人的研究的特定科学日益增长的多重性已经使得我们关于人的概念变得更为混乱和难以理解，而不是对它作出清楚的阐释"[4]。

维多利亚时期从表面上看似乎是平静的、令人满意且井然有序的，但是这种平静是以普遍的、深刻的、越来越脆弱的压抑为代价的。就像在一个个体的神经症案例中，随着时间越来越趋近于这一点——1914年8月11日（在这一天，它完全崩溃）——这种区隔化变得越来越刻板。

现在需要指出的是，文化的区隔化在个体人格内的根本压抑中有其心理类似性。弗洛伊德的才华在于发展了科学的技术来理解（并且可能治愈了）这种分裂的个体人格；但是他并没有看到——直到后来，当他用悲观主义以及某种分离的绝望来对这一事实作出反应时[5]——个体身上的神经症疾病仅仅是影响整个社会的分裂的力量的一个方面。对于克尔凯郭尔来说，他预见了这种分裂在个体内在的情感生活和精神生活方面所导致的结果：特有的焦虑、孤独、人与人之间的疏远，以及最终将导致终极绝望的状态，即人的自我疏远。但是，最为鲜明地描述这种趋近情境的还是尼采："我们生活在一个原子的时代——一个原子混乱的时代。"而且尼采从这种混乱中预见到，在20世纪集体主义的一个鲜明的前提下，"恐怖的幽灵……这个单一民族国家……对于幸福的追求将永远都不会比当它必须陷入今天与明天之间时更强烈，因为后天所有追求的时光都会终止……"[6] 弗洛伊德根据自然科学看到了这种人格的分裂，并关注于阐述其技术性的方面。克尔凯郭尔和尼采没有低估具体的心理学分析的重要性；但是，他们更多地关注于理解人是压抑的存在，这种存在放弃了自我意识，以此作为一种对现实的对抗，随后便会遭受神经症的后果。奇怪的问题是：人，世界上这种能够意识到他是存在的并且能够知道其存在的存在，却选择或被迫选择阻断这种意识并且遭受焦虑、自我毁灭的强迫行为以及绝望，这意味着什么？克尔凯郭尔和尼采敏锐地意识到，西方人"心灵的疾病"是一种比具体的个体问题或社会问题所能解释的更为深切、更为广泛的病态。在人与自我的关系中，有某种东西完全错了；对于他自己，人已经变得非常困惑。尼采宣称，"这就是欧洲真正的困境，加之人的恐惧，我们已经失去了对人的爱、对人的信心，实际上就是人的意志"。

注释

[1] Sören Kierkegaard, *The Sickness unto Death*, trans. Walter Lowrie, New York: Doubleday, 1954.

[2] Ernest Schachtel, "On Affect, Anxiety and the Pleasure Principle," in: *Metamorphosis*, New York: Basic Books, 1959, pgs.1-69.

[3] Ernest Cassirer, *An Essay on Man*, New Haven: Yale University Press, 1944, p.21.

[4] Max Scheler, *Die Stellung des Menschen im Kosmos*, Darmstadt: Reichl, 1928, p.13 f.

[5] Sigmund Freud, *Civilization and Its Discontents*, trans. and ed. James Strachey, New York: Norton, 1962.

[6] Walter A. Kaufmann, *Nietzsche: Philosopher, Psychologist, AntiChrist*, Princeton: Princeton University Press, 1950, p.140.

第五章
克尔凯郭尔、尼采与弗洛伊德

现在,我们来更为详细地比较克尔凯郭尔和尼采所提供的理解西方人的取向,希望能够更为清晰地看到他们与弗洛伊德的洞见和方法之间的相互关系。

1. 克尔凯郭尔

仅仅是关于焦虑的透彻分析——我们已经在另一本书中总结了这一点[1]——就可以一直确保克尔凯郭尔在心理学天才中占据一席。他关于自我意识之重要性的洞见,关于内在冲突、自我丧失甚至是心身问题的分析更让人吃惊,因为这些观点先于尼采40年、先于弗洛伊德半个世纪出现。这表明,克尔凯郭尔对于他那个时代的西方人意识表面之下正在发生的事情有着一种惊人的敏感性,这些事情仅仅在半个世纪以后就爆发出来了。在经历一段紧张的、充满激情而又孤独的创造时期之后,他在44岁时英年早逝;在这段充满创造力的时期,他在15年的时间里差不多撰写了24部著作。尽管可以保证在知识方面他将在未来的几十年中变得非常重要,但是他从来都没有幻想过他的发现与洞见在他那个时代就能够受到人们的欢迎。在一段关于他自己的讽刺性话语中,他说:"现在的作家根本就不是一位哲学家;他是……一位业余的作家,他既不写体系,不向人们保证体系的存在,也不把任何东西归于这个体系……在一个为了利于学习而已经将激情忘却的时代,在一个某位作者若想要获得读者就必须小心地以这种方式来撰写,即在下午打盹时能够毫不费力地阅读这本书的时代,他能够很容易地预见他的命运……他预见到了他的命运——他将完完全全地被忽视"。尽管他的预言是正确的,但他在他那个时代却几乎无人知晓——除了他在《海盗船》(*Corsair*)这本哥本哈根的幽默杂志上用讽刺性的文章所进行的攻击外。有半个世纪的时间,他一直是被遗忘的。到了20世纪20年代,他被重新发现,人们认为他不仅对宗教和哲学产生了深刻的影响,而且为深蕴心理学作出了特定的、重要的贡献。例如,宾斯万格在他关于艾伦·韦斯特的论文中提出,她"患上了克尔凯郭尔用他敏锐的天才洞见在'致死的疾病'这个标题之下从所有可能的方面进行过描述和阐明的心灵疾病。就我所知,没有哪篇文献在推进对精神分裂症的存在-分析解释的作用方面比这个更大。有人可能会说,在这篇文献中,克尔凯郭尔已经用他直觉的天赋认识到精神分裂症即将出现……"宾斯万格进一步评论说,那些不赞同克尔凯郭尔观点的宗教解释精神病学家或心理学家也一直"深受克尔凯郭尔该著作的恩惠"。

像尼采一样,克尔凯郭尔也没有着手撰写哲学或心理学著作。他仅仅是寻求理解、揭露、揭示人的存在。他与弗洛伊德、尼采有一个非常重要的共同点:他们三个人的知识都主要是以对这个个案的分析为基础的——他们自己。弗洛伊德初期的著作,如《梦的解析》(Interpretation of Dreams),几乎都是完全以他自己的体验以及他自己的梦为基础的;他在写给弗利斯(Fliess)的信中说了很多,他与之斗争并不断地对其进行分析的个案是他自己。尼采评论说,每一个思想体系"都仅仅表明:这是一幅关于所有生活的画面,而你从中可以学到你的生活的意义。反过来,仅仅解读你的生活,然后根据它去理解普遍生活的奥秘"[2]。

克尔凯郭尔可能会将他在心理学研究方面的努力概括到他一直不懈追求的标题之下:你怎样才能成为一个个体?从理性的方面来讲,个体正在被黑格尔巨大的逻辑"绝对整体"所吞没;从经济的方面来讲,个体正在被越来越严重的人的客体化所吞没;从道德和精神的方面来讲,个体正在被他那个时代软弱的、枯燥无味的宗教所吞没。欧洲病了,而且将会变得越来越严重,这并不是因为缺乏知识或技术,而是因为缺乏激情和承诺。[3] 他号召说:"远离思辨,远离体系,回归现实!"他深信,不但"纯粹客观性"的目标是不可能实现的,而且即使可能实现,它也是不合需要的。而且从另外一个角度来说，它是不道德的：我们是如此深地介入彼此和卷入世界之中，以至于我们无法满足于毫无偏见地看待真理。像所有的存在主义者一样，他也非常认真地看待兴趣（interest）这个术语。[4]每一个疑问都是"针对这个单一的个体的疑问"——针对这个活着的、具有自我意识的个体；而如果我们不是以存在于那里的人类为起点，那么我们就会用我们所有的技术才能奔向一种机器人的集体主义，这些人将不但以空虚而且以自我毁灭的绝望而告终。

克尔凯郭尔对于后来的动力心理学最为根本的贡献之一，是他关于作为关系的真理的系统阐述。在那本后来成为存在主义的宣言的著作中，他写道：

> 当以一种客观的方式提出关于真理的问题时，反映就会作为一种认识者与之相联系的物体而被客观地指向真理。但是，反映并非集中于关系，而是集中于这位认识者与之相联系的是否是真理这个问题。如果只有他与之相联系的客体是真理的话，那么主体就被算在了真理之中。当主观地提出真理这个问题时，反映就会主观地指向个体关系的本质；如果只有这种关系的模式在真理之中，那么个体也在真理之中，即使他碰巧如此的与并非真理的东西联系在一起。[5]

对于完整的现代文化，特别是对于心理学来说，要夸大这些句子是多么具有革命性在过去和现在都是非常困难的。这里有激进的、具有独创性的关于关系真理的陈述。这里有存在思维中对将真理作为本质，或者对海德格尔所说的将自由视为真理的强调的根源。[6] 这里还有后来出现在 20 世纪物理学中的预言——也就是与哥白尼（Copernicus）原理相反的观点，即：通过分离人这个观察者，人们能够最为充分地发现真理。克尔凯郭尔预言了博尔、海森堡以及其他现代物理学家的观点，即哥白尼所提出的关于自然能够与人相分离的观点不再能站得住脚。用海森堡的话说，"一种完全独立于人（即完全客观）的科学的理想是一种幻想"[7]。在克尔凯郭尔的一段话中含有相对论以及其他观点的前兆，这些观点证实从事自然现象研究的人类与所研究的物体之间有着一种特殊的、具有重要意义的关系，而且他必须使自己成为他的程式的一部分。这就是说，主体（subject），即人，永远都不能与他所观察的客体（object）相分离。非常清楚的是，西方思维的肿瘤，即主体－客体之间的分裂，在克尔凯郭尔的这种分析中遭到了致命的一击。

但是，这种里程碑式的影响在心理学中甚至更为明确、更为深刻。它将我们从认为真理只能根据外在的客体来理解这个教条的束缚中释放了出来。它打开了内在的、主观的现实这个广阔领域，并表明，这样的现实可能是正确的，即使它与客观事实相矛盾。这是弗洛伊德后来所发现的。当时多少有些让他懊恼的是，他认识到，他的许多患者所坦白承认的"儿童期强奸"的记忆，从一种事实的角度来说，通常都是说谎，这种强奸在事实上从来都没有发生过。但结果是，这种强奸的体验是非常强有力的，即使它只存在于幻想之中，而且不管怎样，关键的问题都在于患者是如何对这种强奸作出反应的，而不在于它在事实上是真还是假。因此，当我们接受这种观点，认为与一个事实、一个人或者一种情境的关系对于我们所研究的这位患者或者这个人来说是非常重要的，而且关于是否客观地发生了某件事情这个问题是属于另一个相当不同的层面时，那么我们就打开了一片知识的新大陆。为了避免误解，即使是以重复为代价，我们还是要强调一下，这种认为关系就是真理的原理一点都没有暗含要抛弃关于某物是不是客观真实的这个问题的重要性。这并不是要点。克尔凯郭尔并没有打算要混淆主观主义者和唯心主义者；他打开了主观的世界，但没有失去客观性。当然，我们必须要研究这个真实的客观世界；克尔凯郭尔、尼采以及与他们有着同样观点的人比许多自称他们自己是自然主义者的人更为认真地对待自然。相反，要点在于，客观事实（或者是想象的事实）对于个体而言的意义取决于他是如何与这一事实相联系的；没有哪种存在真理能够忽略这种关系。例如，一次关于性的客观讨论可能非常有趣且具有教育意义；但是，一旦我们关注于某一个特定的个体，那么这个客观真理的意义就会取决于那个人与他的性伴侣之间的关系，而忽略这个因素就不仅会构成一种逃避，而且会让我们看不到现实。

而且，克尔凯郭尔的句子中所阐明的观点，是沙利文"参与性观察"概念以及其他对治疗者在与患者之关系中的重要性的强调的先驱。因此，治疗者以一种真实的方式参与到关系之中并成为这个"场"中不可分割的一部分，这一事实并不会削弱他的科学观察的合理性。实际上，难道我们不能宣称除非治疗者是关系之中一位真正的参与者并且有意识地认识到这一事实，否则他将不能清晰地觉察到事实上正在发生的事情吗？克尔凯郭尔这个"宣言"的含义在于让我们从传统的教条中解脱了出来，这些传统的教条具有很大的局限性，自相矛盾，而且实际上在心理学中通常是具有破坏性的，以至于我们越少地卷入某一个特定的情境，我们就越能清楚地观察到真理。非常明显的是，那种学说的含义在于，在卷入与我们毫无偏见地去进行观察的能力之间出现了一种倒转的关系。而且这种学说是如此的为人们所铭记，以至于我们忽视了它另一个明显的含义——那个对真理完全没有一点兴趣的人将会最为成功地发现真理！没有人将会反对这个明显的事实，即破坏性的情绪会干扰一个人的知觉。从这个意义上讲，不言自明的是，在一种治疗关系中的任何人，或者就此而言任何观察其他人的人，都必须非常明确地澄清他在这个情境中的特定情绪以及卷入。但是，这个问题无法通过分离和抽象来得到解决；那样的话，我们最终得到的只是一堆海面上的泡沫，而那个人的现实已经在我们的眼前消失了。在关系中由治疗者所代表的这一极的澄清只能通过一种更为充分的对于存在情境——真实的、现存的关系的意识来完成。[8] 当我们论述人类时，没有哪一条真理单独具有现实性——它一直是取决于即时关系的现实。

克尔凯郭尔对于动力心理学的第二个重要贡献在于他对承诺的必要性的强调。这是顺着上面已经提到的那些观点而来的。真理只有当个体在行动中创造它时才能变成现实，这包括在他自己的意识中进行创造。克尔凯郭尔的论点具有激进的含义，即我们甚至不能看到一个特定的真理，除非我们已经对此有某种承诺。每一位治疗者都清楚地知道，患者能够从理论上和学术上谈论他们的问题，从现在一直谈到世界的末日而不会真正地受到影响；实际上，尤其是在知识分子和同行中的患者的案例中，正是这种谈话通常是一种防止看到真理、防止自己投身其中的防御，尽管它可能在毫无偏见、毫无成见地对正在发生的事情进行探究的掩盖下进行了伪装，实际上这是一种反对某人自己的活力的防御。这位患者的谈话不会帮助他接触到现实，直到他能够体验到某种东西或者某个问题，在其中他具有一种即时的、绝对的利害关系。这通常在"唤起患者之焦虑的必要性"这个标题之下得到表述。但是我认为，这样提出这个问题太简单、太片面了。难道这不是更为根本的原理吗，即患者必须在他的存在中找到或发现某个点，在这个点上，他能在他能够甚至允许他自己看到他正在做什么这个真理之前让自己投身于其中？这就是克尔凯郭尔所说的"激情"和"承诺"，用来与客观的、无偏见的观察形成鲜明的对照。这种对承诺的需要所导致的一个必然结果是一种通常已经为人们所接受的现象，即我们无法通过实验室的实验进入一个人的问题的潜在层面；只有当这个人自己拥有某种想要从他的痛苦和绝望中解脱出来的欲望，并希望得到某种帮助来解决他的问题时，他才会进入对他的错觉进行研究并揭开他的防御与合理化的这个痛苦的过程。

2. 尼 采

现在我们来看一下尼采（1844—1900）。他在气质方面与克尔凯郭尔非常不同，他生活的时代比克尔凯郭尔晚40年，反映了19世纪另一个阶段的文化。他从来都没有读过克尔凯郭尔的著作。在尼采去世的前两年，他的朋友布兰德斯（Brandes）才使他注意到了达内（Dane）。对于尼采来说，知道他的前辈的著作时实在是太晚了。克尔凯郭尔表面上与尼采非常不同，但是在许多本质的方面两者却非常相像。他们两个都在非常重要的方面描绘了关于人类生活的存在取向的出现。人们经常同时引用他们两个人的观念，认为他们是最为深刻地觉察到，并最为确切地预期了20世纪西方人的心理状态与精神状态的思想家。像克尔凯郭尔一样，尼采也不是反理性的，而且也不应该将他与"感觉哲学家"或"回归自然"的福音传教士相混淆。他所攻击的不是理性，而是纯粹的理性，而且他所攻击的是理性在他那个时代所呈现出来的枯燥无味的、分裂的、理性主义的形式。他试图推动反省（reflection）——又一次像克尔凯郭尔一样——至其最大的限度，以发现作为理性与无理性之基础的现实。反省毕竟是一种向其自身内部的转向，是一种反映。而对于活着的存在个体来说，问题在于他正在反省的是什么；否则的话，反省就会掏空这个个体的活力。[9]像后来追随他的深蕴心理学家一样，尼采也试图将人的力量与伟大之处的潜意识的、非理性的根源，以及他的病态与自我毁灭也纳入存在的范围。

这两个人与深蕴心理学之间存在的另一种重要的关系是，他们两个都以很大的强度发展了自我意识。他们都非常充分地意识到，在他们客体化的文化中，最具压倒性的丧失是个体自我意识的丧失——这种丧失后来在弗洛伊德的自我象征中被描述为虚弱的、被动的，"凭借伊底（Id）来生活"，已经丧失了其自身自我引导的力量。[10]克尔凯郭尔曾写道："具有越多的意识，自我就越强"，这种论述是沙利文在一个世纪以后，在一种不同的背景下所作出的；而且这也暗含在弗洛伊德关于他的技术的目标是扩展意识领域的描述中："伊底在哪儿，自我就将在哪儿。"但是，克尔凯郭尔与尼采在他们特定的历史情境中无法逃脱他们自己的自我意识强度的悲剧性结果。他们两个都是非常孤独的，非常反对顺从，而且都知道焦虑、绝望、隔离中最为深刻的极度痛苦。因此，他们能够根据一种关于这些根本心理危机的即时的个人知识来进行谈论。[11]

尼采系统阐述了我们所有人都努力想获得的真理。他生活在这样一个时代，也是在这样一个时代进行写作——19世纪后半叶，当时欧洲人在心理上和精神上都正处于分裂崩溃之中。从外观上看，这个时代仍然是具有稳定性和资产阶级顺从的时代。但是，尼采却看到了内在的人类精神上的堕落（如果我可以从尼采自己的话中得到暗示的话）。宗教信仰已经转变为愤慨，活力已经转变为性压抑，而且一种普遍的伪善已成为那个时代人的状态的标志。

在一个像那样的以及像我们自己这样的时代，一个人想要成为一位好的哲学家，就必须成为一位心理学家，因为那时的人正哭喊着要求得到帮助——这个人已经失去了他的中心，他正在遭受着心理与精神的定向障碍。

尼采非常适合于成为这个有定向障碍的人的医生。他经常说他自己是一位"心理学家"。在《超越善恶》（*Beyond Good and Evil*）中，他提出，"心理学应该再次被认可为科学之王，因为有它的服务与准备，其他科学才得以存在。心理学现在再次成了解决根本问题的途径"。

尼采的"超人"和"权力意志"概念是想要重新发现他的同时代人身上的力量的某种结构、某种基础。那种认为尼采是虚无主义者，认为他是宗教的敌人、是道德以及几乎其他一切事物的敌人的普遍观点，完全是一种误解。这之所以发生，是因为人们不仅没有看到尼采本身的意义，也没有看到那个唤起了尼采的同时也是他所谈论的世界的意义。

尼采坚持认为，人们应该不仅在实验室中，还要在个人自己的体验中对所有真理进行试验；每一条真理都应该面对这个问题——"人们能够实践它吗？"他说："所有的真理在我看来都是血淋淋的真理。"因此，他说出了那句著名的话："错误是胆小鬼。"在责备宗教领导者与理智完整性不相容时，他控诉道，他们从来都没有"使他们的体验成为一个能够促进知识的良心问题。'我已经真正体验到的是什么？那个时候在我身上发生了什么？我的周围发生了什么？我的理由够鲜明吗？我的意志反对所有的欺骗吗……？'因此他们当中没有人质疑……然而我们这些渴望找到理由的其他人，想要用眼睛来看我们的体验就像在一项实验研究中那样严格……我们想让自己成为我们的实验和豚鼠！"[12]克尔凯郭尔与尼采对于开始一项运动——或者一个新的体系——都没有任何一点兴趣，这样一种想法事实上可能会触怒他们。他们两个都宣称——用尼采风格的话说——"不要追随我，而要追随你！"

他们两个都意识到，他们所描述的他们那个时期特有的（如果仍然是隐蔽的）心理与情绪的分裂，与人关于他的本质的尊严与人性的信念的丧失是联系在一起的。在这里，他们提出了一种"诊断"。心理治疗流派中对这种诊断的关注都非常少，一直到上个十年[1]，当时，人对其自身尊严的信念的丧失开始被看作现代问题的一

---

[1] 本书首次出版于1983年，因此这里所说的"上个十年"指的是哪段时期，读者可大致判断出来。——译者注

个真实的、严重的方面。这种丧失反过来与两种重要传统的令人信服的、使人非相信不可的力量的崩塌联系在一起，这两种重要传统——希伯来-基督教传统与人本的传统——为西方社会的价值观提供了一个基础。这就是尼采那个强有力的寓言"上帝死了"的先决条件。克尔凯郭尔充满激情地谴责了基督教中那些软弱的、乏味的、贫瘠的趋势，尽管几乎没有任何人听他的谴责；到了尼采的时代，有神论的腐化形式以及在情感上不诚实的宗教实践已经成为疾患的一部分，而且即将死亡。简单地说，克尔凯郭尔是在一个上帝已经奄奄一息的时代大声地把这些说了出来，而尼采是在一个上帝已经死了的时代把这些说了出来。他们两个都在根本上投身于获得人的崇高性，而且他们两个都寻求某个基础以使得这种尊严与人性可以在其之上重新建立。这就是尼采所说的"具有权力的人"和克尔凯郭尔所说的"真正的个体"的含义。

尼采对心理学和精神病学的影响到目前为止都是不系统的，都只局限于在许多地方对某一句格言的偶尔引用，其原因之一恰恰在于他的思想丰富得让人简直不能相信，经常让人难以置信地从一种洞见闪电般地跳到另一种洞见。读者必须注意不要被不加批判的钦佩牵着走，另外也不要由于尼采的思想的丰富性使得我们所有令人满意的范畴都变得匮乏而忽视尼采的真正重要性。因此，我们在这里将努力简要地、更为系统地澄清他的一些主要观点。

一件关于尼采哲学的重要事情是，他从一种本体论的意义来使用心理学术语。他与和他同道的存在主义者都具有这个特征，如克尔凯郭尔、萨特、海德格尔。绝望、意志、焦虑、内疚、孤独——这些通常都是指心理的状态，但在尼采看来，它们指的是存在的状态。例如，焦虑不是一种你在某些时刻能够感觉到而在某些时刻感觉不到的"情感"。相反，它指的是一种存在的状态。它不是某种我们"拥有"的东西，而是我们"是"的东西。

这同样适用于意志（will）。在尼采那里，意志这个术语同样指的是一种我们的存在的基本特征。它一直都潜在地存在；没有它，我们将不能成为人类。不管作出何种选择，橡树籽都会变成一棵橡树；但人是无法意识到他自己的存在的，除非当他在他的会心中决心要这么做时他才会意识到。在动物和植物那里，自然与存在是同一个，但是在人身上，自然与存在是绝对不能等同的。尼采大肆地奚落了那些仍然遭受这种幻觉之苦的人，还有那些想要简单地依据自然来生活的人。在《超越善恶》中，尼采喊道："你想依据自然来生活？哦，你们这些显贵的高度自制者。这些是多么容易让人产生误解的词语啊。想象一下，一个存在就像自然一样，极度浪费，极度冷漠，没有目的与考虑，没有怜悯和公正，同时也会出现贫瘠①、凄凉和不确定。想象一下，冷漠本身就是一种力量。你怎么能够依据这种冷漠来生活？"人的价值观不是自然给予我们的，而是

---

① 原书此处为 fertile（富饶的），疑为作者笔误，应为 infertile（贫瘠的）。——译者注

为了我们所设定的需要必须去完成的任务。很清楚，从一种本体论的意义来使用这些心理学术语，赋予了它们一种深刻得多、有力得多的意义。

我认为，这种从本体论的意义来使用心理学术语的做法，在所有价值观转变的时期都会出现。它当然会出现在公元1世纪和2世纪的希腊历史中。如果我一个人处于绝望之中，我可能会因此而感到心烦意乱，但是我能够看看周围那些并不感到绝望的其他人，那样就会得到一些安慰。然而，如果每个人都感到绝望，如果社会处于根本的转变之中，那么我们就会全体一起陷于绝望之中，那么事情就完全不同了。我们没有北极星来指引我们前进。如果我们的焦虑不受到情感淡漠的阻碍，它就会倾向于发展成为恐慌。正是这种情感淡漠是一种防止恐慌发生的防御机制。如果一个人真的让他自己去感觉的话，那么恐慌就将会出现。然后，我们就会陷入一种多少有点像博施（Bosch）所描述的关于地狱的情形那样的状况中。每一个停泊之处都消失了，人类被成群地驱赶到火堆之中。在这样的时期，从本体论角度使用心理学术语代表了一种要为我们的价值观找到某种新的根据、某种新的基础的努力。这就是尼采奋斗之所在。

最后是关于尼采的权力概念对心理学所作出的贡献这个问题，尤其是"权力意志"（will to power）这个概念。尼采写道，"存在最为根本的本质在于权力意志"。在学院派心理学领域，尼采的这种观念不但没有得到承认，而且权力这个概念本身也完全受到了压制。诚然，有时候它会被归到"意志"之下，但是从威廉·詹姆斯那个时代起，"意志"也在很大程度上受到了忽视。

我认为，对权力和关于权力的主题的普遍压制非常令人痛惜。对于替代性术语的选择非常具有启迪作用。例如，"控制"这个概念。控制是权力的一种替代性表达方式，它将着重点放在了我对你施加权力的权利之上。这样就更清楚为什么要用权力（power）这个词来作为开端了。

在这个概念的发展过程中，"权力"指的是什么？"权力意志"这个词语指的是自我实现。尼采是在对他所看到的到处都正在出现的软弱的、精神贫瘠的欧洲人表示抗议。"权力意志"是一种号召，号召人们避免堕落，用力量和承诺来确认自己的存在。"权力意志"是每一个个体都具有的，因为它与生命本身是不可分割的。尼采写道："无论我在哪里找到生命，我都能在那里找到权力意志"。

他的"权力意志"概念在最充分的意义上暗含了个体的自我实现。它要求个体勇敢地凭借其自身特定存在中的潜能来生活。像存在主义者一样，尼采也没有使用心理学术语来描述心理属性、心理官能或者某种简单的行为方式，如攻击或控制某人的权力。相反，权力意志是一个本体论的范畴——是存在的一个不可分割的方面。它并不是指攻击、竞争性的努力或者任何这样的机制。它是个体凭借他本身对他自己的存在以及他作为一个存在的本能作出确认；正如蒂利希在他关于尼采的讨论中所说的，它是"成为一个个体的勇气"。尼采是在潜力（potentia）、动力（dynamis）这个经典的意义上使用权力一词的。考夫曼（Kaufmann）简明地概述了尼采在这一点上的信念：

> 人的任务是很简单的：他应该停止让他的"存在"成为"一个缺乏考虑的偶然"。不仅是存在这个词的使用，而且这种存亡攸关的想法都表明，（这篇文章）尤其与今天所谓的存在哲学密切相关。人的根本问题在于获得真正的"存在"，而不是让他的生命仅仅成为另一个偶然。在《快乐的科学》（The Gay Science）中，尼采偶然发现了一种阐述，这种阐述清楚地显示了任何自我与真实自我之间区别的本质谬论："你的良心是怎么说的？——你将成为你自己。"一直到最后，尼采都坚持这种概念，他最后一部著作的完整标题是《瞧！这个人》（Ecce Homo, Wie man wird, was man ist）——一个个体是怎样成为他自己的。[13]

在很多方面，尼采都坚持认为，这种权力，这种扩展、成长，使个人的内在潜能出现在行动中，它是生命的重要动力和需要。他的著作在这一点上与心理学中关于什么是有机体的根本驱力这个问题有着直接的联系，这种根本驱力的受阻会导致神经症：它并不是获得快乐、缓解力比多紧张、获得平衡或适应的动机。相反，根本的驱力在于凭借他的潜力来生活。尼采坚持认为,"人们努力追求的不是快乐,而是权力"[14]。实际上,幸福并不是指没有痛苦,而是"最具有活力的权力感"[15],而欢乐是一种"权力的积极感觉"[16]。他将健康也看作一种使用权力的副产品,权力在这一点上明确地被描述为克服疾病与痛苦的能力。[17]

现在,我们来看一下尼采关于存在的概念,即他的哲学的基本原理。他写道,存在是一种"关于生命、意愿、行动和生成的概念的泛化"。然后,又一次写道:

> 灵魂本质上会对她自己说:没有人能够在那条特别是你将不得不穿越的生命之河上建造一座桥——谁也不能,除了你自己。当然,那里有无数条道路、无数座桥梁以及无数的半神人愿意带你过这条河,但仅仅是以放弃你的自我为代价。在整个世界中,有一条特定的道路是只有你可以走的。它将通向哪里?不要问,只需走。一旦有人说,"我想保持我的自我",他就会发现这是一种可怕的决心。现在,他必须转而谈到他的存在的深度。

在美国,有一个趋势是对存在(being)与生成(becoming)进行比较。后一个词对于我们美国的心理学家来说更能够接受:亚伯拉罕·马斯洛(Abraham Maslow)经常使用这个词,高登·奥尔波特在他的一部著作的书名中也使用了这个词。与那些被错误地认为是存在的本体论静态特质的东西相比，人们认为生成代表了动态的、活动的、变化的状态。我认为，这是一种错误。有趣的是，尼采在他的晚年也得出了这个相同的结论。他写道："在生成中，所有的事物都是空洞的、虚幻的、单调的；人们必须解决的谜只能通过存在才能得以解决，这是一种正是事实的真相的存在，而且不可能消亡。现在，人们开始估计他们与生成和存在相融合的深度。"

从他一直试图将生命的每一种表现形式与自然中的一切广泛背景相联系这个意义上说，尼采是一位自然主义者；但正是在这一点上，他弄清楚了人类心理学一直都不仅仅是一种生物学。他最为关键的有关存在的强调在于，他坚持认为人类生命的价值绝不会自动地出现。人类能够通过他自己的选择而失去他自己的存在，而一棵树或一块石头却不能这么做。确认个体自己的存在就会创造生命的价值。"个性、价值与尊严并不是给予的（gegeben），就像自然提供资源那样给予我们，而是上交的（aufgegeben）——作为一项我们自己必须解决的任务给予或分派给我们的。"[18]这同样是一种从蒂利希所认为的勇气为存在开辟了道路这个信念中得出的强调：如果你没有"存在的勇气"，那么你就会失去你自己的存在。而且它同样以极端的形式出现在萨特的论点中：你是你自己的选择。

在探讨健康问题时，尼采又一次谈到了当代的心理学。健康并不是某些幸运的人可以获得的一种固定的状态（这对于许多在一生的大量时间中一直生病的人来说是一个极大的安慰!)。在努力地想要战胜疾病的过程中,健康是一种动态的平衡。艺术家之所以是一位艺术家,是因为他从疾病与健康之间的斗争中获得了一种敏感性。这里可以引用尼采的话:"精神增强了。力量由于受伤而得以恢复。"健康是战胜疾病的能力。这指向了尼采后来认为的"权力"是艺术家战胜疾病与痛苦的能力的观点。

我们还在尼采对这种常见观点的不断否认中发现,生存是生命的最高价值。他大肆奚落了那些自认为是达尔文主义者的人,以及那些没有看到人类不是试图保存潜能而是试图表现出潜能的人。

人们翻开尼采的著作时,几乎在每一个论点上都会发现一些心理学洞见,这些心理学洞见不但在本质上是深刻的、敏锐的,而且与弗洛伊德在 10 年或更长时间以后详细阐述的精神分析的机制具有惊人的相似性。例如,翻开写于 1887 年的《道德系谱学》(*Genealogy of Morals*),我们会发现"所有不被允许自由活动的本能都会转向内部。这就是我所称的人的内化(interiorization)"[19]。人们再看一遍,就会发现它令人惊奇地预测了后来弗洛伊德的压抑概念。尼采永恒的主题是揭露自欺的行为。贯穿上面提到的整篇文章,他逐步展开了这个论点,即利他行为和道德是压抑的敌意与愤慨的结果,而且当个体的潜力转向内部时,恶的良心便是其结果。他鲜明地描述了那些"虚弱的"人:"他们内心充满了受到抑制的攻击;他们的幸福完全是被动的,并呈现受到麻醉的安静、伸着懒腰打着哈欠、平静、'休息期'、情绪懈怠的形式"[20]。这种指向内部的攻击会以对其他人的虐待狂式的需要爆发出来——这个过程后来在精神分析中被称为症状形成（symptom formation）。而这些需要被掩饰成了道德——弗洛伊德后来称这个过程为反向形成（reaction formation）。尼采写道："在其最早的阶段，恶的良心仅仅是被迫变为潜伏的、被驱使至隐秘之处的、被迫在其身上发泄能量的自由的本能。"在其他的地方，我们发现在我们眼前的是关于升华的引人注目的系统阐述，这是尼采特别提出的一个概念。在谈到一个人的艺术能量与性欲之间的联系时，他说："这很可能正如叔本华所认为的，审美状态的出现并不会中止性欲，而仅仅是以这样一种方式使其发生了变形，即它不再被体验为一种性诱因"[21]。

尼采宣称，欢乐并非来自屈服与克制，而是来自坚持。他写道："欢乐仅仅是关于获得力量的情感的一个症状"。欢乐的本质又一次成了力量的一种附加情感。尼采绝不是一位具有破坏性的、虚无主义的思想家。经过更为深入的审视，他原来是具有深刻建设性的。而且他是以这样一种方式来表现出建设性的，这种方式似乎是我们这个时代唯一的方式。在我们这个国家存在的情感淡漠的程度上（实际上是神经症情感淡漠的程度），还有压抑（不仅是对焦虑的压抑，还有甚至更为深层的对内疚的压抑）的程度上，我们都极度需要尼采的信条。这就是为什么说尼采是我们这个时代的治疗者的治疗者。

3. 弗洛伊德与尼采

那么，从尼采的观点与弗洛伊德的观点之间这种显著的相似性中，我们能得出什么结论呢？弗洛伊德周围的圈子都知道这种相似性。1908年的一个傍晚，维也纳精神分析协会按照计划开展了一次关于尼采《道德系谱学》的讨论。弗洛伊德提到，他曾试图阅读尼采的著作，但是发现尼采的思想太丰富，以至于他放弃了这种尝试。然后，弗洛伊德说道："与任何曾经活在这个世界上的其他人，或者有可能生活在这个世界上的人相比，尼采具有一种更为透彻的关于他自己的知识"[22]。这种判断在多个场合下都得到了重复，正如琼斯所说，它绝不是精神分析开创者的恭维。弗洛伊德对哲学一直有着强烈却矛盾的兴趣；他不相信哲学，甚至害怕哲学。[23]琼斯指出，这种不相信不仅表现在个人的层面，还表现在智力的层面。其原因之一在于他对枯燥无味的智力思辨感到怀疑——他的这种观点是克尔凯郭尔、尼采以及其他存在主义者将满怀激情地赞同的。无论如何，弗洛伊德都感觉到，他自己对于哲学的潜在癖好"需要得到严格的审查，而且为了这个目的，他选择了最为有效的动因——科学学科"[24]。在另一个地方，琼斯评论说："尽管他努力地与哲学问题保持一定的距离并且不相信自己解决这些问题的能力,但是哲学的基本问题离他还是非常近的"[25]。尼采的著作可能并没有对弗洛伊德产生直接的影响,但是非常明显地对他产生了间接的影响。明显的是,这些后来在精神分析中得到系统阐述的观点在19世纪末的欧洲仍然"悬在半空中"。克尔凯郭尔、尼采和弗洛伊德都研究过同样的关于焦虑、绝望、分裂人格以及它们的症状这些问题的事实,证实了我们在前面提出的论点,即精神分析以及关于人类危机的存在主义取向都是由同样的问题引起的,同时也都是关于同样的问题的答案。指出后来出现在精神分析中几乎所有的具体观点都可能在尼采(在更大的广度上)和克尔凯郭尔(在更大的深度上)那里找到,这并没有任何贬低弗洛伊德的天赋的意思。

但是,弗洛伊德的独特天赋在于,他将这些深蕴心理学的洞见转化进了他那个时代的自然科学的框架之中。这项工作非常适合他——在气质方面,他非常客观,能够很理性地控制自己,不屈不挠,而且能够承受这项系统研究所需承受的无尽痛苦。他确实完成了太阳底下某件具有创新性的事情——将这些新的心理学概念转化进西方文化的科学潮流中;在这种潮流中,这些改变可以得到客观的研究,可以建立在其之上,而且在特定的范围内它们表现为可以被教授。

但是,弗洛伊德的天赋与精神分析的才华不也同样正是其最大的危险和最为严重的缺点吗?将深蕴心理学的洞见转化进客观化的科学之中会导致一些可预见的结果。一个这样的结果是,将关于人的研究领域限制在了符合这个科学领域的东西之上。宾斯万格指出，弗洛伊德研究的仅仅是人性（homo natura），而且尽管他的方法使他非常适合探究周围世界（Umwelt，人在他的生物环境中的世界），但是出于同样的原因，它们却妨碍他充分地理解人际世界（与同伴发生人际关系的人）和自我世界（人与自我相联系的领域）。[26] 正如我们在后面讨论决定论和自我的被动性这些概念时将要指出的，另一个更为严重的实际结果是，它会导致一种使人格客观化并促成现代文化中那些首先导致各种困难出现的发展的新倾向。

现在，我们来谈一个非常重要的问题。为了理解这个问题，我们需要先作一个初步的区别。也就是，17世纪和启蒙运动时期所使用的术语理性（reason）与我们今天所使用的技术理性（technical reason）之间的区别。弗洛伊德坚持使用一个直接来源于启蒙运动的理性概念——"入迷的理性"。而且他将这个等同于科学。正如我们在斯宾诺莎（Spinoza）及17—18世纪的其他思想家身上所看到的，这种关于理性的用法涉及一种信心，即认为理性可以独自包含所有的问题。但是，那些思想家在使用理性时将这种超越即时情境、掌握整体的能力包括在内，而诸如直觉、洞见及富有诗意的知觉这些机能被严格地排除在外。这个概念还包含伦理方面的东西：在启蒙运动时期，理性意味着公正。换句话说，在我们这个时代被称为"非理性的"大多数东西都包括在他们关于理性的观点之内。这就解释了他们为什么能够在这个概念上投入如此巨大的、富有激情的信念。但是正如蒂利希最具说服力地论证的，到了19世纪末，这种入迷的特征就消失了。理性变成了"技术理性"：理性与技术结合到了一起；只有在致力于那些被隔离的问题时，理性才能发挥最佳的机能；理性成了工业进步的一个附属品并从属于工业的进步；理性变得与情感、意志相分离；理性实际上变得与存在相对立——这种理性最终成为克尔凯郭尔和尼采非常强烈地攻击的对象。

现在，弗洛伊德有时候以这种入迷的方式来使用理性这个概念，例如当他谈到理性时，他说它是"我们的救世主"，是我们"唯一可以求助的对象"等。在这里，人们会得到这种时代错误的感觉，即他的这些句子直接出自斯宾诺莎或者某位启蒙运动时期的学者。因此，他一方面尽力地想保存这种入迷的概念，尽力地想保全这种超越技术的关于人和理性的观点。但是，另一方面，通过将理性与科学相等同，弗洛伊德使它成为一种技术理性。他的最大贡献在于，通过清晰地阐述人的非理性倾向，通过将人格的潜意识的、分裂的、受到压抑的方面带进意识之中并使之为人所接受，他努力地克服了人的分裂。但是，他所强调的另一面——精神分析等同于技术理性——恰恰是他试图治愈的分裂的一种表现形式。这么说并不是不公平的，在后面几十年，尤其是弗洛伊德去世后，精神分析发展的主要趋势成为抛弃他想要保留这种入迷形式的理性的努力，转变为完全接受后者——这种技术形式的理性。

通常情况下，这种趋势都不被人们所注意到，因为它非常符合我们整个文化中占主导地位的趋势。但是，我们已经指出，根据其技术形式来理解人及其机能，是当代人区隔化的一个主要因素。因此，我们面临着一个关键的、严重的两难困境。在理论层面，精神分析（以及心理学的其他形式，只要它们与技术理性联系在一起）本身增加了我们关于人的理论（科学理论与哲学理论）的混乱性理解，卡西尔和舍勒谈到过这一点。在实践层面，存在着相当大的危险，即精神分析以及心理治疗的其他形式和适应心理学将成为新的关于人的分裂的代表，它们将作为个体之活力与意义丧失的例子，而不是相反，这些新的技术将有助于对标准化文化的认可，并给人与其自身的异化以文化的认可，而不是解决这个问题；它们将成为人的机械化新的表现形式，现在这种机械化要用更强的心理学精度并在更广泛的关于潜意识与深蕴方面的维度上进行计算和控制——精神分析与心理治疗通常将会成为我们这个时代的神经症的一部分，而不是对其进行治愈的一部分。这实际上将是历史的最大讽刺。指出这一点并不是危言耸听，也不是表现一种不适宜的热情，即这些趋势当中的一些已经出现在我们身上。直接地着眼于我们的历史情境，然后坚定不移地得出其含义，就太过简单了。

现在，我们该来看一下存在心理治疗运动的重要意义了。它正是一项反对这种将心理治疗与技术理性相等同的倾向的运动。它赞成心理治疗应以一种关于是什么使得人成为人类的理解为基础，它赞成根据是什么摧毁了人实现他自己之存在的能力来界定神经症。我们已经看到，克尔凯郭尔、尼采以及那些追随他们的存在主义文化运动的代表，不仅提出了深远的、透彻的心理学洞见（这些洞见本身对于所有试图科学地理解现代心理问题的人来说都是一种具有重要意义的贡献），还做了其他的事情——他们将这些洞见放在了一种本体论的基础，即关于人作为具有这些特定问题的存在的研究之上。他们认为，做到这一点是绝对必要的，而且他们害怕让理性从属于技术问题将最终意味着按照机器的意象来对人进行改造。尼采曾告诫说，科学正在变为一个工厂，而其结果将是道德虚无主义。

存在心理治疗是这样一项运动：尽管它站在那种主要应归功于弗洛伊德的天赋的科学分析这一边，但是它还是在更深、更广的水平上——人是一种人的存在——将关于人的理解带回到画面之中。这是建立在这一假设之上的，即存在一种不会分裂人、不会摧毁人性，同时对人进行研究的科学。它将科学与本体论结合起来。因此，这么说一点也不过分，即我们在这里仅仅是讨论一种新的与其他方法相反的方法，这种方法也许会被接受，也许会被遗弃，也许会被吸收进某种模糊的、无所不包的折中主义当中。这些问题在深刻得多的层面突然出现在了我们当代的历史情境中。

注释

[1] Rollo May, *The Meaning of Anxiety*, rev. ed., New York: Norton, 1977, pp.36-52. 那些章节可以被看作对克尔凯郭尔的观点之重要性的一个简短概览。他的两部最为重要的心理学著作是《焦虑的概念》和《致死的疾病》(*The Sickness unto Death*)。要想进一步了解克尔凯郭尔,可参见: *A Kierkegaard Anthology*, ed. Robert Bretall, Princeton: Princeton University Press, 1951。

[2] Walter A. Kaufmann, *Nietzsche: Philosopher, Psychologist, AntiChrist*, p.135.

[3] 因此,如果人类让真理的客观增加作为一种替代物,代替他们自己的承诺,代替他们在自己的体验中与真理相联系,那么很可能正是这种真理的增加会给他们留下更多的不安全感。克尔凯郭尔写道,他"作为那个已经观察到当前这一代人的人,肯定不会否认其中的不一致,并且不会否认产生这种焦虑和不安的原因在于真理在程度、数量方面,以及抽象的明晰性方面,朝着一个方向不断地增长,但是确定性却稳定地在下降"。

[4] 参见: Walter Lowrie, *A Short Life of Kierkegaard*, Princeton: Princeton University Press, 1942。

[5] 摘自 "Concluding Unscientific Postscript," in *A Kierkegaard Anthology*, *op. cit.*, pp.210-211。(克尔凯郭尔的整篇文章都是用斜体字来写的;为了进行对比,我们将其限制在了这个新的元素方面——与真理的主观联系。) 非常有趣的是,在写完上面这些句子后,克尔凯郭尔进一步引用的例子是关于上帝的知识,他还指出——这是一种将会省去无止境的混乱与大量的私下争论的考虑——那种想要证明上帝是一个"物体"的努力,是完全没有结果的,而真理

是存在于关系的特性之中的("即使他很可能因此而碰巧与那种不是真实的东西联系在一起")。相当明显的是,克尔凯郭尔并没有暗示说,某物是否客观真实并没有任何紧要之处。那是荒谬的。正如他在一个脚注中所描述的,他所指的是"那种在存在方面与存在联系在一起的真理"。

[6] 参见:Martin Heidegger, "On the Essence of Truth," in *Existence and Being*, ed. Werner Brock, South Bend, Ind.: Regnery, 1949。

[7] 摘自维尔纳·海森堡于1954年10月在华盛顿大学圣·路易斯分校所作演讲的油印稿。

[8] 在知觉实验中,要论证这一点应该是可能的——它很可能已经得到了论证——观察者的兴趣与卷入会增加他的知觉的精确性。罗夏反应已经表明了这一点,在那些主体在情感上卷入其中的卡片中,他对于形状的知觉变得更为(而不是更少)敏锐与精确(我所说的并不是神经症情感,那将会引入不同的因素)。

[9] 克尔凯郭尔和尼采都知道,"人是不可能重新投入不加反省的即时性之中而不会失去他的自我的;但是,他能够以这种方式坚持到最后,即不破坏反省,但却终止反省植根于其之上的在自我之中的基础"。因此,卡尔·雅斯贝尔斯在他的启发性讨论中谈到了尼采与克尔凯郭尔之间的相似性,在他看来,尼采与克尔凯郭尔是19世纪两位最伟大的人物。参见:Karl Jaspers, *Reason and Existence*, trans. William Earle, The Noonday Press, 1955, Chap.1。

[10] 存在思想家整体上都认为,这种意识的丧失是我们这个时代主要的悲剧性问题,而根本就不要将它限制在神经症的心理学背景中。实际上,雅斯贝尔斯认为,在我们这个时代破坏个人意识的力量、顺从于集体主义那些使人盲目崇拜的过程,很可能导致一种更为根本的作为现代人的个体之意识的丧失。

[11] 克尔凯郭尔与尼采都享有这种让人怀疑的荣幸,都在某些据说是科学的圈子中被看作病态的而被驱逐出来!我认为,这个毫无结果的问题就不需要再加以讨论了。宾斯万格在一篇关于那些由于尼采最终患了精神病而将他驱逐在外的人的文章中,引用了马瑟尔的话:"一个人,如果他愿意,他就可以什么都不学"。我们如果想要考虑克尔凯郭尔和尼采的心理危机,一条更有成效的探究路线是提出这些问题,即是否有任何人能够支持自我意识的强度,使其超出某一个特定的点,而且创造性(它是这种自我意识的一种表现形式)是否可以不会由于心理的巨变而丧失。

[12] Kaufmann,同前,p.93。

[13] 同上,pp.133-134。

[14] 同上,p.229。

[15] 同上,p.168。

[16] 同上,p.239。

[17] 同上,p.169。

[18] 同上,p.136。

[19] Friedrich Nietzsche, *Genealogy of Morals*, Garden City, New York: Doubleday, 1956, p.217.

[20] 同上,p.102。

[21] 同上,p.247。

[22] Ernest Jones, *The Life and Work of Sigmund Freud*, New York: Basic Books, 1955,Ⅱ, p.344. 艾伦伯格博士在评论尼采与精神分析之间的密切关系时,补充说:"事实上,他们之间具有如此惊人的相似性,以至于我几乎不能相信正如弗洛伊德自己所宣称的那样,他从来没有读过尼采的著作。要么他肯定是忘记了他曾经读过,要么他很可能以一种间接的方式读过尼采的著作。

在那个时代，尼采在每个地方都得到了非常广泛的讨论，著作、杂志、报纸以及日常生活的谈话都对他的观点引用了成千上万次，以至于对于弗洛伊德来说，没有以这种方式或那种方式吸收他的观点几乎是不可能的。"不管在这一点上人们会作出什么样的假设，弗洛伊德都确实读过爱德华·冯·哈特曼（Edward von Hartmann）的著作（克里斯指出的），他创作过一部著作《潜意识哲学》(*The Philosophy of the Unconscious*)。冯·哈特曼与尼采都是从叔本华那里获得他们关于潜意识的观点的，叔本华的大多数研究都可以归入存在主义的行列。

[23] Jones，Ⅱ, p.344.

[24] 同上，Ⅰ, p.295。

[25] 同上，Ⅱ, p.432。

[26] Ludwig Binswanger, "The Existential Analysis School of Thought," in: *Existence*: *A New Dimension in Psychology and Psychiatry*, ed. Rollo May, Ernest Angel, and Henri Ellenberger, New York: Basic Books, 1958, pp.191-213. 这种认为弗洛伊德研究的是人性的论点，主要是从宾斯万格在他被邀请到维也纳参加弗洛伊德80岁诞辰活动这种场合下所作的演讲中提炼出来的。

第三部分

对治疗的贡献

第六章
存在与非存在

存在治疗的根本贡献在于它将人理解为存在。它并不否认动力的效度以及关于特定行为模式的研究有它们恰当的位置。但是，它坚持认为，不管我们用什么样的名称来称呼它们，驱力或动力都只能在我们所论述的个体存在的结构这一背景下进行理解。因此，存在分析者的独特特征在于它关注本体论，即存在的科学，以及此在，即坐在心理治疗师对面的这个特定存在的存在。

在我们努力地想要对存在以及相关的术语作出界定之前，让我们先从存在方面提醒我们自己，即我们正在谈论的是一种每一位敏感的治疗者一天中会产生无数次的体验。它是一种与另一个人发生即刻的会心的体验；从我们所知道的关于他的事情中，我们会在一个非常不同的层面想起那个人的鲜活形象。"即刻的"所指的并非所涉及的真实的时间，而是指体验的特性。例如，我们可以通过一位患者的案例记录了解大量关于他的信息，而且我们还可以相当清楚地知道其他访谈者是怎样描述他的。但是，当这位患者自己走进咨询室时，我们经常会有一种突然的、有时候是强有力的体验，即出现在这里的是一个全新的人，这是一种通常带有一种惊讶成分的体验，这不是从困窘或困惑这个意义上说的，而是从其"从上面被接受"（taken from above）的词源学意义上说的。这绝不是对某人的同事所做报告的一种批评，因为即使与我们已经认识很长时间或者已经在一起工作很长时间的人一起，我们也有这种会心的体验。我也可能在与朋友或爱人在一起时有这种体验。它不是一种一次性的体验；实际上，在任何发展着的、正在成长的关系中，它也许会——很可能是应该会，如果这种关系非常重要的话——不断地出现。

我们所了解到的关于患者的资料可能是很精确的，而且值得学习。但是要点在于，对另一个人的存在的理解与我们关于他的具体事情的知识，是出现在不同层面之上的。显然，关于在另一个人的行为中发生作用的驱力和机制的知识是非常有用的，对他的人际关系模式的通晓是非常有意义的，关于他的社会条件作用、特定姿势与象征性动作的意义的信息是非常中肯的，等等。但是，当我们面对这个重要的、最为真实的事实——这个即时的、活着的个体自身时，所有这些都会指向另一个不同的层面。当我们发现在这种面对中，我们所有关于这个个体的大量知识本身突然构成了一种新的模式时，其含义不在于说这种知识是错误的；相反，含义在于它从这些具体的事情都是他所表现出来的个体这个现实中获得了它的意义、形式和重要性。

我们在这里所说的话，没有哪一句对收集和认真地研究所有我们能获得的关于某个既定个体的具体资料的重要性表示异议。这仅仅是常识。但是，人们也不能对实验事实视而不见，即这些资料本身形成了一种构形（configuration），这种构形是在与这个个体自己的会心当中获得的。我们所有人在访谈个体的过程中都具有的常见体验也证明了这一点；我们可能会说，我们没有获得一种关于另外那个人的"感觉"，我们需要延长访谈，直到这些资料在我们心里"突变"成为它们自己的形式。当我们自己对关系怀有敌意或愤恨——将那个人排除在外——时，我们尤其不能获得这种"感觉"，无论我们那时在智力上是多么聪明。这就是认识（knowing）与了解（knowing about）之间经典的区别。当我们试图认识一个人时，相对于他的真实存在这个重要的事实，关于他的知识就肯定是次要的。

在古希腊和希伯来语中，"认识"这个动词与意指"进行性交"的词是同一个。这在国王詹姆斯版《圣经》的阐释中一次又一次地得到了证明——"亚伯拉罕认识了他的妻子，然后她怀孕了……"在16—17世纪的英语中，认识的含义是一样的。因此，认识与爱之间的词源学关系是非常密切的。认识另一个人，就像爱他一样，涉及一种联合、一种对于另一个人的辩证的参与。宾斯万格称其为"双重模式"。一般来说，如果一个人想要理解另一个人，那么他至少必须准备好要去爱这个人。

与另一个人的存在的会心具有能够深深地震动一个人的力量，而且从潜在方面来讲可能非常容易引起焦虑。它也可能是能够带来欢乐的。在任何一种情况下，它都具有深深地吸引人和打动人的力量。可以理解的是，治疗者可能会通过仅仅将另一个人看作一位"患者"或者通过仅仅将注意力集中于行为的某些机制，被吸引着为了使他自己得到安慰而将他自己从会心中抽离出来。但是，如果在与另一个人相联系时主要使用技术性的观点，那么显然这个人不但以自我与他人的隔离为代价，而且以对现实的根本歪曲为代价来保护他自己免受焦虑之苦。这个人因此而不能真正地看到另一个人。指出技术必须像资料一样从属于房间中这两个人的现实这一事实，并不是贬低技术的重要性。

萨特以一种略微不同的方式绝妙地得出了这种观点。他写道，如果我们"认为人像一个物体的特性一样，能够被分析和还原为原始的资料、决定性的驱力（或'欲望'），能够得到主体的支持"，那么事实上，我们就可能会以一个我们因此而可以称其为机制、动力或模式的物质的、给人深刻印象的体系而告终。但是，我们发现自己面临一个两难困境。我们人类已经变成了"一类不确定的泥土，他将不得不被动地接受（这些欲望）——或者他将被还原为一类那种不可约束的、简单的驱力或倾向。在两种情形下，人都消失了；我们再也找不到这种或那种体验已经发生在其身上的'那个人'"[1]。

给存在和此在下定义是相当困难的,但是我们的任务由于这些术语以及它们的内涵遭遇了非常多的抵制这一事实而困难重重。一些读者可能会觉得,这些词语仅仅是"神秘主义"的一种新形式(是在其贬低的、相当不精确的"模糊的"意义上进行使用的),并且与科学没有任何联系。但是,这种态度显然是通过贬低它而避开了整个问题。有趣的是,"神秘"(mystic)这个词是在这种贬抑的意义上使用的,用来指任何我们不能分割和计算的东西。这种奇特的信念盛行在我们的文化中,即如果我们不能用数学来分析一个事物或一种体验,那么它就不是真实的,而如果我们能够将它还原为数字,那么它无论如何都肯定是真实的。但是,这意味着要根据它来进行一种抽象——数学是最卓越的抽象物,这实际上就是它获得这么多荣誉以及它具有极大有用性的原因。因此,在将某件东西还原为一种抽象物之后,现代西方人发现自己处在一种奇怪的情境之中,他必须因此而说服自己相信这是真的。这与现代西方世界中所特有的隔离感和孤独感有相当大的关系。我们让自己相信的真实的唯一体验恰恰却是不真实的。因此,我们否认我们自己的体验的现实。在这种贬低意义上的"神秘"这个术语通常被用来服务于蒙昧主义。通过贬低来回避一个问题当然仅仅是为了使它变得模糊不清。而努力地看清楚我们正在谈论的是什么,然后去找到什么样的术语或符号能够最好地(歪曲最少地)描述这个现实,难道不是科学的态度吗？发现"存在"属于像"爱"和"意识"（举另外两个例子）这样的现实的范畴，不应该让我们这样吃惊；对于这些现实，我们无法对其进行分割或抽象，但不会失去那些恰恰是我们打算研究的东西。然而，这并不是要将我们从尽力地理解和描述它们这一任务中解脱出来。

抵制的另一个更为重要的根源——回避，以及在某些方面压抑所有对于"存在"的关注的心理需要，贯穿整个现代西方社会。与其他可能非常关注存在的文化——尤其是印度和东亚的文化——以及其他一直非常关注存在的历史时期相比，在西方我们这个时期的特征，正如马瑟尔正确指出的，恰恰是对于"本体论的感觉——存在感——的意识缺失。一般来说，现代人都处于这样的状态之中；如果本体论需要从根本上使他感到担忧，那么这种担忧也仅仅是沉闷的，就像是一种模糊的冲动"[2]。马瑟尔指出了许多研究者都已经强调过的，即这种存在感的丧失一方面与我们使存在从属于机能的倾向相关：一个人对他自己的认识不是作为一个人或自我，而是作为一个地铁中的辅币售货员、一个杂货商、一位教授、美国电话电报公司（AT&T）的一位副主席，或者通过任何他在经济方面的职责来认识他自己。另一方面，这种存在感的丧失与我们文化中大规模的集体主义趋势和普遍的顺从倾向相关。于是，马瑟尔提出了这个有力的质疑："实际上，我怀疑是否存在这样一种精神分析的方法，它能够揭示对这种感觉的压抑以及对这种需要的忽视所带来的病态的影响，比发展至今的任何其他方法都更为深刻、更具洞察力。"[3]

"至于界定'存在'这个词，"马瑟尔接着说，"让我们承认，这是非常困难的。我仅仅是想提出这种探究的方法：存在一直经受得住——或者是将经受得住——一种有关经验资料的，并且旨在一步一步地将它们还原为内在的或重要的、价值越来越缺乏的元素的详尽分析（弗洛伊德在其理论研究中尝试过该类型的分析）。"[4]我加上的最后这句话是指，当弗洛伊德的分析被推到最大的极端时，可以说，我们知道一切关于驱力、本能以及机制的东西，我们拥有一切东西，除了存在。存在就是那个被残留下来的东西。正是这种东西，在一个人身上构成这一套无限复杂的决定性因素，这些体验发生在这个人身上，而且不管这种东西有多么细小，他都拥有某种开始意识到这些力量正在他身上产生作用的自由元素。这正是一个这样的领域，在这个领域中，他具有潜在的能力，能在作出反应之前先停顿一下，并因此根据他的反应是以这种方式行得通还是以那种方式行得通来获得某种认识。因此，这也是一个这样的领域——在这个领域中，他（人类）绝不仅仅是一种驱力的集合体和行为的决定性形式。

存在治疗者用来意指人类存在的独特特征的术语是"此在"。宾斯万格、库恩以及其他人将他们的流派称为此在分析。此在由 *sein*（存在）和 *da*（在那里）组成，意思是指人是在那里的存在，同时也暗含着这样的意思，即从他能够知道他在那里并且能够采取一个关于这个事实的立场的意义上说，他拥有一个"在那里"。而且，这个"在那里"不是指任何地点，而是指那个特定的、属于他的"在那里"，是在这个特定时刻的他的存在在时间上和空间上特定的点。人是能够意识到他的存在并因此能够对他的存在负责的存在。正是这种能够意识到自己的存在的能力，使得人类与其他的存在区别开来。存在治疗者认为人不仅仅是像其他所有存在一样的"实质上的存在"，而且是"为了自身的存在"。

宾斯万格这样或那样地谈到"此在选择"，意思都是指"对他自己的存在负责的那个人的选择"。

如果读者谨记存在（being）是一个分词，是一种动词形式，意思是指正处于成为某物这一过程中的某个人，那么人类这个术语的完整含义将会更为清晰。不幸的是，当在英语中被用作一个普通名词时，存在这个术语意味着一种静态的物质；而当用作一个特定名词，例如一个存在时，它通常被认为是用来指一个实体，比如，一个士兵通常被看作一个单位。但是，当用作一个普通名词时，存在更应该被理解为用来指潜力，即潜能的来源；存在就是潜能，凭借这种潜能，橡树籽变成了橡树，或者我们每个人成为真正的自己。而当在一种特定的意义上使用这个词时，如一个人，它通常具有动态性的内涵，即处于过程之中的某个人正在成为某物的某个人。因此，尽管存在我们在前面提到的关于这个术语的各种困难，但是在这个国家，生成很可能可以更为确切地表达这个词的含义。

只有当我们看到另一人正在朝向什么前进、他正在变成什么时，我们才能理解他；而只有当我们"在行动中投射我们的潜力"时，我们才能理解自己。因此，对于人类来说，非常重要的时态是将来时——关键的问题在于，我所指向的是什么，在不远的将来我将会成为什么样子。

因此，在人的意义上，存在并不是一次性给予的。它并不是像橡树籽长成为橡树那样自动呈现。在成为人的过程中，一种内在的、不可分割的元素是自我意识。人（或此在）是如果他想要成为他自己就必须意识到他自己、必须为他自己负责的特定存在。他还是那种知道在将来某个时刻他将不会存在的特定存在。他是一直与非存在、死亡之间存在一种辩证关系的存在。而且他不仅知道他将在某个时刻不会存在，还能够自己选择抛弃或丧失他的存在。"存在与非存在"——我们这一章标题中的"与"并不是一个印刷上的错误——并不是人们在考虑自杀那一个时间点上一劳永逸地作出的一个选择；它在某种程度上反映了一个在每时每刻都会作出的选择。帕斯卡尔以无与伦比的美妙语言描绘了人类对他自己的存在的意识中所存在的辩证法：

> 人仅仅是一棵芦苇，是自然界中最虚弱无力的芦苇，但他又是一棵会思考的芦苇。对于整个宇宙来说，根本没有必要为了歼灭他而全副武装——一缕蒸气、一滴水就足以杀死

他。但是，尽管这个宇宙想要压垮他，人却比那些杀死他的东西更为高尚，因为他知道他会死，而且他知道宇宙超越于他的优势所在；而对于这一点，宇宙却一无所知。[5]

怀着想要把对于一个人来说体验他自己的存在意味着什么阐述得更为清楚的希望，我们将介绍一个摘自一个案史的例证。这位患者是一位非常聪明的28岁女性，她在表达她内心所发生的一切方面非常有天赋。她前来寻求心理治疗是因为，在封闭的地方她会出现严重的焦虑，而且有时候会出现不可控制的严重自我怀疑以及愤怒的爆发。[6]因为是一个私生女，所以她在这个国家西南部的一个小村庄由亲戚们抚养长大。她的母亲在生气时经常会提醒当时还是孩子的她的出身，说自己曾经多么想流产，而且在遇到困难时就会对这个小女孩大喊大叫："如果没有生你，我们就不会经受这么多！"在家人争吵时，其他亲戚也会对这个小女孩喊叫："你为什么不杀了自己？""你应该在出生那天就被掐死！"后来，这位患者长大成一个年轻的姑娘后，凭着自己的主动性得到了良好的教育。

在接受治疗后的第四个月，她做了下面这个梦："我在一群人当中。他们都没有脸庞，他们就像是影子。这就像是一个人的荒野。然后，我看到了在人群当中有一个同情我的人。"在接下来的这次治疗中，她报告说，在其间的这一天，她有了一种非常重要的体验。下面是根据她两年后凭记忆和笔记写下来的东西报告的：

我记得那天是走在一个贫民区升高的轨道下面，心里想着："我是一个私生女。"我记得在我极度痛苦地尝试接受那个事实时，汗水不断地往下流。然后，我理解了那种像接受"我是具有特权的白人当中的一个黑人"，或者"我是视力无碍的人当中的一个盲人"一样必须去感受的东西。那天深夜，我醒了过来并这样想："我接受我是一个私生女这一事实。"但是"我却不再是一个孩子"。就是这样的，"我是私生的"。那也不是这样的："我的出生是非法的。"那么还剩下什么呢？剩下的就只有这个——"我在"。一旦抓住了接触并接受"我在"这个行动，我就会产生（我所考虑的东西对于我来说是第一次）这种体验——"既然我在，我就有存在的权利"。

这种体验是什么样子的呢？它是一种基本的感觉——感觉就像是接受我的房子的契约。它是我属于自己的，不在乎它原来是一个离子还是仅仅是一朵浪花的充满活力的体验。它就像当我还是一个非常小的孩子时，我曾经得到一个桃子的核并把它的凹陷部分弄开了，不知道我将会发现什么，于是感觉到了一种对于这个找到的内部的种子、它的甜中带点苦的味道是否很好品尝的纳闷……它就像是一艘被一个锚固定在港口的帆船（它是由地球上的东西制造的），这样它就可以通过它的锚与地球再次联系到一起，它的桅杆也就是从地球上得来的；它可以拉起它的锚来航行，但是它能够一直不时地抛锚以度过暴风雨或者是稍微休息一下……这就像是我根据笛卡儿（Descartes）的名言而改编的"我在，故我思；我感，故我做"。

它就像是几何学中的一个公理——从来都没有体验，就像是学完了一门几何学课程却不知道它的第一条公理一样。它就像是进入了那个我自己的伊甸园，在那里我超越了善与恶以及其他所有的人的概念。它就像是直觉世界中的诗人、神秘主义者的体验，只是它不是纯粹的对于上帝的感觉，也没有与上帝联系到一起，它是对于我自己的存在的发现，是与我自己的存在联系在一起的。它就像是某人拥有了灰姑娘的水晶鞋，然后满世界地寻找那只适合穿这只鞋子的脚，然后突然意识到她自己的脚才是唯一适合穿这只鞋子的。从措辞的词源学意义上说，它是一个"事实"。它就像是一个还没出现高山、海洋、陆地的地球。它就像是一个学语法的小孩正在找一个句子中的动词的主语——在这种情况下，主语就是他自己的一生。它正让人感觉不是一种关于个人自我的理论……

我们将其称为"我在"体验。[7]上面用优美的笔触有力地描述了一个复杂案例中的一个阶段，它证明了在一个人身上存在感的出现与增强。在这个人身上这种体验被刻画得更为明显，这是因为她作为一个私生女，她的存在遭受了更加显而易见的威胁，而且当她两年后站在有利的地位来回顾她的体验时，她用诗一般的语言进行了描述。但是，我认为这两个事实中的任何一个都不能在根本的特质方面使她的体验与普通的人，不管是正常的还是神经症患者所经受的体验有任何不同之处。

我们将对这个案例中所举例说明的体验作最后四点评论。第一，这种"我在"体验在本质上并不是解决一个人的问题的方式；相反，它是他解决问题的前提。在那以后，这位患者花了大约两年的时间来解决具体的心理问题，这是她在这种已经出现的关于她自己的存在的体验基础之上可以做到的。从最为广泛的意义上说，存在感的获得是所有治疗的一个目标；但是从更为精确的意义上说，一种与自我、与自己的世界的关系，一种关于个人自己的存在（包括个人自己的同一性）的体验，才是解决具体问题的一个前提。正如这位患者所写的，它是一种"基本的事实"，是一种呃（ur）体验。它并不等同于患者对她的任何特定能力的发现——比如，当她意识到她能够成功地进行绘画、写作或工作，或者成功地性交时。从外部来看，特定能力的发现与对于个人自己的存在的体验看起来似乎是一致的，但后者是基础，是根本，是前者的心理前提。

我们可以有充分的理由来怀疑，这些并没有在或多或少的程度上以这种"我在"体验为先决条件的解决一个人的特定问题的方式，在心理治疗中具有一种虚假的特质。患者所发现的这些新的"能力"在她那里很可能被体验为仅仅是补偿性的——也就是说，被体验为证明尽管存在她在一种更深的层次上的确不重要这一事实，但她还是具有重要性的证据，因为她仍然缺少一种对于"我在，故我思，我行动"的基本的确信。而且我们也有理由感到疑惑，这样的补偿性解决方式是否根本就不能代表什么，这位患者仅仅是将一种防御系统换为另一种、将一套术语换为另一套，而从来都没有将她自己体验为有活力的、重要的、存在的。在第二种状态下，这位患者并没有愤怒得要爆炸，而是"升华"、"内省"或"发生联系"，但是仍然没有植根于她自己的存在而采取行动。

我们的第二点评论是，这位患者的"我在"体验并不能根据移情关系来解释。上面案例中明显呈现的积极移情（不管是指向治疗者，还是指向丈夫[8]）在前一天晚上患者所做的意味深长的梦中得到了说明。在这个梦中，有一个人在这个非人化的人群的荒野之中——我设想这个人是我自己，即治疗者。我对她感到同情。的确，她在这个梦中表明，只有当她能够信任其他某个人时，她才能产生这种"我在"的体验。但是，这并不能解释这种体验本身。这样说很可能是正确的，即对于任何人来说，被另一个人接受以及信任另一个人的可能性，是这种"我在"体验的一个必要条件。但是，这种对于个人自己的存在的觉察基本上是发生在理解自我的水平之上的；它是一种在自我觉察的领域内意识到的此在体验。它无法在社会的范畴内得到实质性的解释。被另一个人如治疗者接受就向这位患者表明，她再也不需要在关于其他任何人或者这个世界能否接受她这个问题的阵线上作全力的斗争了；这种接受将她释放了出来，去体验她自己的存在。我们必须强调这一点，因为在很多圈子里都会经常出现这种错误，认为只有在一个人被其他某个人接受的情况下，关于他自己的存在的体验才会自动地被发现。这是一些"关系治疗"形式的根本错误。在生活与治疗中，"如果我爱你，接受你，那是因为这就是你所需要的"这种态度是一种很可能会促进被动性增长的态度。关键的问题在于，个体在他对于其存在的意识以及对于其存在的责任中，会如何应对他能够被接受这一事实。

第三点评论直接沿着上面这一点而来，即存在是一个无法被还原为社会规范与伦理规范的摄入的范畴。用尼采的话说，它是"超越了善与恶的"。只要我的存在感是真的，那么我必须坚持的恰恰不是其他人告诉我应该成为的样子，而是一个阿基米德的点，从这个点来判断父母及其他权威所要求的东西。事实上，在特定的个体身上，强迫性的和僵化的道德主义恰恰是由于存在感的缺失而产生的。僵化的道德主义是一种补偿性机制，个体凭借这种机制来劝服他自己接受外在的法令，因为他根本就不能确定他自己的选择能否得到任何认可。这并不是否认社会在所有人的道德形成中的广泛影响，而是说，这种本体论的感觉不能完全地被还原为这些影响。这种本体论的感觉并不是一种超我现象。出于同样的原因，这种存在感给这个个体提供了自尊的一个基础，这种自尊并不仅仅是其他人关于他的观点的反映。这是因为，从长远来看，如果你的自尊必须基于社会的证实，那么你就根本没有自尊，而只有一种更为复杂的社会顺从的形式。这么说一点也不过分，即对于个人自己的存在的感觉尽管与各种各样的社会关联交织在一起，但它是处于基础地位的，并不是各种社会力量的产物；它一直都是以自我世界，即"自己的世界"（这是一个我们将要在下面讨论的术语）为先决条件的。

第四点评论涉及的是需要考虑的最为重要的事项——绝对不能将这种"我在"体验与在许多圈子里都被称为"自我的机能"的东西相等同。这就是说，将这种对个人自己存在的觉察的出现界定为"自我发展"的一个阶段，是一种错误。我们只需考虑一下"自我"这个概念在经典精神分析传统中的含义就会知道为什么会这么说了。自我在传统上一直被看作一个相对软弱的、模糊的、被动的、衍生的动因，在很大程度上是其他更为强有力的过程的一种副现象。它是"通过从外部世界强加在其之上的矫正措施从伊底当中衍生出来的"，并且"代表了外部世界"[9]。格罗德克（Groddeck）说："我们所称的自我在本质上是被动的。"这是弗洛伊德很赞同地引用过的一句话。[10]诚然，精神分析理论中期的发展越来越强调自我，但主要是把它当成关于防御机制的研究的一个方面；自我主要通过它的消极防御机能来扩展其原初受到冲击的脆弱领域。它

"得到的帮助要归功于三位大师,而且它因而受到三大危险的威胁:外部世界、伊底的力比多以及超我的严厉"[11]。弗洛伊德经常评论说,实际上如果自我能够在它难以控制的房子里保持某种和谐的外表,那么它就可以运转得非常好。

一个瞬间的想法就可以表明,自我与我们一直在讨论的"我在"体验,即存在感之间,存在着非常大的差别。后者出现在一种更为基本的水平上,而且它是自我发展的一个前提。自我是人格的一个部分,从传统上看,它是一个相对虚弱的部分,而存在感指的是个人的整体体验(不仅包括意识的体验,还包括潜意识的体验),而且它绝不仅仅是意识的动因。自我是外部世界的一种反映;存在植根于个人自己的存在体验,而且如果它仅仅是外部世界的一面镜子,是外部世界的一种反映,那么它恰恰就不是个人自己的存在感。我的存在感并不是我看待外部世界、估量外部世界、评估现实的能力;相反,它是我将自己看作一个在世存在、认识自己是能够做这些事情的存在的能力。从这个意义上说,它是我们所称的"自我发展"的一个前提。自我是主体－客体关系中的主体,存在感发生在先于这种两分法的一个层次上。存在并不是指"我是这个主体",而是指"在其他事物当中,我是作为这个主体而能够知道正在发生的事情的存在"。这种存在感从起源上来讲并不是与外部世界相对立的,而是它必须包括这种在必要的情况下让自己与外部世界相对立的能力,就像它必须包括面对非存在的能力一样。诚然,我们所称的自我以及存在感都是以小孩身上大约在婴儿期的头几个月到两岁之间的某个时候自我意识的出现为先决条件的，这是一个通常被称为"自我的出现"的发展过程。但是，这并不是说这两者应该相等同。据说，通常情况下自我在儿童期尤其虚弱，这种虚弱是与儿童相对虚弱的关于现实的评估以及与现实的联系相称的；而存在感可能特别强烈，只有到后来当儿童开始沉湎于顺从的倾向，将他的存在体验为一种关于其他人对他的评价的反映，开始失去他的一些独创性和原初的存在感时，存在感才会被削弱。事实上，存在感——本体论的感觉——预先假定了自我的发展，就像它预先假定了其他问题的解决方式一样。[12]

我们察觉到，在正统的精神分析传统中，最近几十年的自我理论得到了补充和详尽的阐述。但是，我们无法通过给这样一位软弱的君主穿上额外的礼服来使他变强，不管这些礼服被织得多么好或者被缝制得多么复杂。关于自我学说真正的、根本的麻烦在于，它最为卓越地代表了现代思维中的主体－客体两分法。实际上，我们有必要强调，自我被看作虚弱的、被动的、衍生的这个事实本身，才是我们这个时代存在感丧失的一个证据和症状，这是本体论关注的压抑的一个症状。这种关于自我的观点是将人类首先看成一种作用于他身上的各种力量的被动接受者这种普遍倾向的象征，不管这些力量被认定为伊底，或者用马克思主义者的术语说是这个巨大的工业世界的主宰，还是用海德格尔的术语说是个体在顺从的海洋中作为"许多人当中的一个"而被淹没。这种认为自我是相对虚弱的并且受到伊底的冲击的观点，在弗洛伊德那里是对维多利亚时期人的分裂的一个深刻象征，也是对那个时代肤浅的唯意志论的一种强有力的矫正。但是，当这种自我被详细阐述为基本的规范时，错误就产生了。如果自我理论要具有自我一致性地指出人类就是人的话，那么就要在这种理论之下假定存在感这种本体论的意识。

现在，我们来看一下这个关于非存在的重要问题，或者正如存在主义文献中所说的，是虚无。这一章的标题"存在与非存在"中这个"与"字表达了这样一个事实，即非存在是存在的一个不可分割的部分。要想理解存在的含义，我们就需要理解这一事实：他可能不存在，在每一个时刻，他都走在可能消失的锋利的边缘上，而且他永远无法逃避这一事实，即死亡将在未来某个未知的时刻降临。存在永远都不会是自动的，它不但可以被放弃和丢失，而且实际上它还在每一个时刻都受到非存在的威胁。没有这种对于非存在的意识——对于死亡对个人存在的威胁以及顺从对于潜能丧失的不太显著却持久的威胁的意识——存在就是枯燥乏味、不真实的，并且以明确自我意识的缺乏为特征。但是，面对非存在，存在就会呈现活力和直接性，而个体会体验到一种增强的对于他自己、他的世界以及他周围的其他人的意识。

死亡是最为明显的非存在威胁的形式。弗洛伊德在他死本能（thanatos）象征的层次上抓住了这条真理。他坚持认为，生的力量

（存在）在每一个时刻都列阵反对死的力量（非存在），而且在每一个个体的生命中，后者都将取得最后的胜利。但是，弗洛伊德的死本能概念是一个本体论的真理，我们不应该将它看作一个恶化的心理学理论。死本能这个概念是关于这一论点的一个极好的例子，即弗洛伊德超越了技术理性并试图保持生命悲剧性方面的开放性。他对存在中敌意、攻击以及自我毁灭的必然性的强调，从某种立场上来说也是这个意思。的确，当他用化学的术语来解释死本能时，他将这些概念都描述错了。在精神分析的圈子里，用死本能作为与力比多相类似的词，就是这种恶化的措辞的一个例子。这些错误源自试图将死亡、悲剧这些本体论真理放入技术理性的框架之中，并试图将其还原为特定的心理机制。基于这一基础，霍妮及其他人得以从逻辑上提出，弗洛伊德太"悲观"了，而且他完全是合理化了战争与攻击。我认为，反对这些惯常的以技术理性形式出现的过分简单化的精神分析解释是合理的；但是反对弗洛伊德本身却是不合理的，尽管他的参考框架存在矛盾之处，但他却是在试图保存一个关于悲剧的真实的概念。实际上他具有一种非存在感，尽管存在着这一事实，即他一直试图使这种非存在感与他的存在概念都从属于技术理性。

仅仅根据生物学的术语来理解"死本能"也是错误的，它将使我们带着一种宿命论蹒跚而行。相反，独特的、关键的事实在于，人类是知道他将要死亡、预见他自己的死亡的个体。因此，关键的问题在于他是如何与死亡这一事实联系在一起的：他是像我们西方社会习惯的一样，通过逃避死亡或者使自己成为一名狂热的信徒，将对死亡的承认压抑至自动过程或远见信念的合理化中，来消磨他的存在，还是通过说"某某死了"然后将它变成一个公众统计学的问题来使存在变得含糊不清，这将有助于掩盖这个非常重要的事实，即他自己在将来某个未知的时刻也将会死亡。

另外，存在分析者也坚持认为，承认死亡给生命本身提供了最为确定的现实使得个体的存在变得真实、绝对和具体，因为"死亡作为一种不相关的潜能，将人挑选了出来，而且当他意识到他自己的死亡具有无法逃避的本质时，死亡就好像会赋予他个性，使他理解其他人的（还有他自己身上的）存在的潜能"[13]。换句话说，死亡是我生命的一个事实，它不是相关的，却是绝对的，而我对于这一点的意识给予了我的存在以及我在每一个时刻所做的事情一种绝对特性。

我们也并不需要一直探究至死亡这个极端的例子才能发现非存在的问题。在我们这个时代，最为普遍的、一直存在的不能面对非存在的形式很可能是顺从，即个体让自己被吸收进集体的反应与态度的海洋之中、在毫无个性特征的大众（das Mann）中被吞没的趋势，与此相对应的是，个体会失去他自己的意识、潜能以及所有使他成为一个独特的、具有创新性的存在的东西。个体通过这种手段可以暂时性地逃脱非存在的焦虑，却是以丧失他自己的力量与存在感为代价的。

从积极的一面讲，面对非存在的能力体现在个体承受焦虑、敌意与攻击的能力之中。我们在这里所说的"接受"是指，忍受而不压抑，并尽可能地对其进行创造性的利用。严重的焦虑、敌意与攻击是与自我及其他人相联系的状态与方式，它们会削弱或摧毁存在。但是，通过逃离将会引起焦虑的情境或具有潜在的敌意和攻击的情境来保存个人的存在，只会给这个个体留下枯燥乏味的、虚弱的、不真实的存在感——尼采在他关于"虚弱的人"的描述中所指的含义，这些人通过压抑来回避它们的攻击并因此体验到"被麻醉的平静"与漂浮不定的愤慨。我们的论点根本没有暗含任何轻视焦虑、敌意和攻击的神经症形式与正常形式之间区别的意思。显然，面对神经症焦虑、敌意与攻击的一种建设性方式是，在心理治疗方面澄清它们，然后尽可能地消除它们。但是，这项任务由于我们不能理解这些状态的正常形式而面临双重的困难，整个问题都变得混淆不清——"正常"在这个意义上是指它们生来即存在于所有存在都必须应对的非存在威胁中。实际上，焦虑、敌意和攻击的神经症形式恰恰是因为个体不能接受和应对这些状态和行为方式的正常形式而出现的，这一点不是很清楚吗？保罗·蒂利希那句强有力的话对于治疗过程具有深远的影响——"一个存在的自我肯定越强，它吸收进自身的非存在就越多"。在此，我们将不对所引用的这句话作详细的阐述。

注释

[1] Jean-Paul Sartre, *Being and Nothingness*, trans. Hazel Barnes, New York: Philosophical Library, 1956, p.561. 萨特接着说:"或者将我们与其会心的那个人看作一种无用的、矛盾的、形而上学的物质——要不然的话,我们所寻求的那个存在就会在通过外部的联系而结合到一起的现象的尘土中消失不见。但是,正是在这种对于另一个人作出理解的努力中,我们每个人所需要的是,他永远都不会诉诸这种关于物质的非人道的观点,因为它正是这个人的一个侧面"(p.52)。而且,"如果我们承认这个人是一个整体,那我们就不能希望通过一种补充,或者通过组织我们在经验中在他身上已经发现的多种倾向来对他进行重新建构"。"每一种对于这个人的态度都含有一种对于这个整体的反省。"萨特坚持认为,"在一次约会中,一个主体将他自己放进了与一名特定的女性相联系的历史之中。在这次特定的约会中所产生的嫉妒就表明,这个个体知道如何来对其作出解释,知道与这个世界之间的整个关系;通过这种关系,这个主体使他自己成了一个自我。换句话说,这种经验的态度本身就是'具有一种可以理解的特性的选择'的表现形式。对此没有任何神秘可言"(p.58)。

[2] Gabriel Marcel, *The Philosophy of Existence*, 1949, p.1.

[3] 同上。要想了解关于"压抑所导致的病态的结果"的资料,可以比较: Fromm, *Escape from Freedom*, 以及 David Riesman, *The Lonely Crowd*。

[4] Marcel, p.5.

[5] Pascal, *Pensées*, p.35. 帕斯卡尔接着说:"因此,我们所有的尊严在于思维。通过思维,我们必须唤醒我们自己,而不是通过空间和时间——那是我们无法填补的。因此,让我们来好好地努力考虑一下——在那里,存在着道德

的原理。"这就为我们下面的评论作了很好的准备。用"思维"这个词，他所指的不是理智主义或技术理性，而是自我意识，是那种同时也知道内心的理性的理性。

[6] 既然我们的目的仅仅是要论证一种现象——这种存在感的体验——那我们将不报告关于这个案例的诊断细节以及其他细节报告。

[7] 一些读者可能会想到《出埃及记》第三章第十四节中的片段，其中耶和华在燃烧的荆棘中显现在摩西面前，召唤他将犹太人从埃及解救出来时，摩西要求这位神告诉自己他的名字。耶和华给出了这个非常著名的答案："我就是我（I am that I am.）。"这个经典的、存在的句子（顺便提一下，这位患者并不能有意识地知道这个句子）带有巨大的象征力量，因为这个句子来源于一个古老的时代，它让上帝宣称，神的精粹就是这种存在的力量。我们无法探究这个答案的许多丰富的含义，也不能探究这些同样复杂的翻译问题，我们只能指出，这个句子的希伯来语同样可以翻译为："我将是我将要成为的我。"这就证实了我们在上面提出的观点，即存在是一种将来的时态，而且它与生成是不可分割的；上帝是创造性的潜力，是生成的力量的本质。

[8] 为了进行上面这个讨论，我省略了这个问题，即在这个案例的这个特定的点上，这应该恰当地被称为"移情"，还是仅仅是人的信任。我并不否认这个得到了恰当界定的移情概念的有效性，但是，说某物"仅仅是移情"，就好像它完全仅仅是过去遗留下来的一样，这是完全没有意义的。

[9] William Healy, Agusta F. Bronner, and Anna Mae Bowers, *The Meaning and Structure of Psychoanalysis*, New York: Knopf, 1930, p.38. 我们是根据一种标准的关于中期古典精神分析的概述来给出这些引语的，这并不是因为我们没有发现后来有的对自我理论所作的提炼，而是因为我们希望呈现自我概念的本质，这个本质已经得到了详细的阐述，但是在根本上是没有改变的。

[10] 同上，p.41。

[11] 同上，p.38。

[12] 如果这个反对意见是这样的，即认为"自我"这个概念至少比这种存在感更为精确，并因此在科学方面更令人满意，那么我们就只能重复我们已经在上面说过的话，即这种精确性可以很容易地在论文中获得。但是，问题一直在于这个概念与个人的现实之间的这座桥梁，而科学的挑战在于找到一个概念、一种理解的方法。尽管这可能不够精确，但是它不会歪曲现实。

[13] 这是维尔纳·布罗克（Werner Brock）对海格德尔的一种解释。Werner Brock, *Existence and Being*, South Bend, Ind.: Regnery, 1949, p.77. 对于那些对存在与非存在这个问题的逻辑方面感兴趣的人，我们可以很合理地补充说，就像蒂利希在《存在的勇气》中指出的，"是与否"之间的辩证，以各种各样的形式存在于整个思维的历史中。黑格尔坚持认为，非存在是存在的一个必需的部分，尤其是在他的"有神论、无神论以及综合论"的辩证的"无神论"阶段。谢林、叔本华、尼采及其他人强调"意志"，认为它是一个根本的本体论概念，这是一种表明存在具有"否定它自己而不会失去它自己"的力量的方法。蒂利希在得出他自己的结论时，坚持认为，这个关于存在与非存在是怎样联系在一起的问题，只能通过隐喻来进行回答："存在包括它自己以及非存在。"用日常的术语来说，从我们能够意识到死亡、能够接受死亡、能够在自杀中将它引进来——简言之，能够自觉地包含死亡这个意义上说，存在包括非存在。

第七章
本体论的焦虑与内疚

现在，我们关于存在与非存在的讨论将我们带到了这一点，在这一点上，我们能够理解焦虑的基本性质。焦虑并不是一种像快乐、悲伤等其他情感那样的情感。相反，它是人的一种本体论特征，正是以人的存在本身为根源的。例如，这不是一种我可以接受或者不加以考虑的边缘性威胁，也不是一种可以与其他反应归到一起的反应；它一直是一种对根基的威胁，即对我的存在的中心的威胁。焦虑是关于迫近的非存在这一威胁的体验。[1]

在库尔特·戈尔德斯坦对关于焦虑的理解所作出的经典贡献中，他强调，焦虑并不是我们所"拥有"的某种东西，而是我们"是"的某种东西。他对于精神病刚发病时，即当患者确确实实地体验到自我消亡的威胁时感到的焦虑所作的生动描述，使得他的观点非常清晰。但是，正如他自己所坚持认为的，这种自我消亡的威胁并不仅仅局限于精神病患者，而是表现出焦虑的神经症性质以及正常的性质。焦虑是个体开始意识到他的存在可能会被摧毁、他可能会失去他的自我和他的世界、他可能会变得"一无所有"的主观状态。[2]

这种关于本体论焦虑的理解阐明了焦虑与害怕之间的差异。这种差异并不是体验的程度或体验的强度之间的差异。例如，一个人在他所尊重的某个人在街上从他身边经过却没有跟他讲话时所感觉到的焦虑，与牙医拿着钻头要撬掉他一颗发炎的牙齿时他所体验到的害怕，其强烈程度是不一样的。但是，街道上受到怠慢的那种痛苦的威胁可能会整天缠着他，晚上可能还会烦扰他的美梦，而那种害怕的感觉自他一从牙医的椅子上站起来就会暂时性地消失，尽管它从量上来讲比前者大得多。差别在于，焦虑打击了他的自尊的正中心以及他作为一个自我的价值感，这是他将自我体验为一种存在的最为重要的方面。相反，害怕是一种对他的存在的边缘威胁；它能够被客观化，而这个人能够超出于它来观察它。在或大或小的程度上，焦虑淹没了这个人对于存在的发现，抹掉了时间感，模糊了对过去的记忆，并删除了未来[3]——这可能是对于它攻击了一个人之存在的中心这一事实最使人非相信不可的证明。当我们受到焦虑支配时，我们在那个程度上不能在想象中认为存在是如何在焦虑的"外面"的。这就是为什么焦虑如此难以忍受，为什么人们会选择（如果他们有选择的机会的话）在外部的观察者看来糟糕得多的严重的身体疼痛。焦虑是本体论的，而害怕不是。我们可以将害怕作为一种像其他情感一样的情感、一种像其他反应一样的反应来进行研究。但是，我们只能将焦虑理解为一种对存在本身的威胁。

因此，这种将焦虑理解为一种本体论特征的观点，又一次突出了我们在文字表达上的困难。弗洛伊德、宾斯万格、戈尔德斯坦、克尔凯郭尔（因为他的术语被翻译成了德语）使用"畏"（angst）这个词来指焦虑，这个词在英语中没有相对应的词。它与苦恼（anguish，这个词源自拉丁语 angustus，意思是"狭窄的"，而这个词又来自 angere，意思是"通过将其推到一起而使其痛苦""窒息"）这个词最为接近。英语中"焦虑"这个词，如在"我对于做这个或那个感到焦虑"中，是一个语气弱得多的词。[4] 因此，一些学生将 angst 翻译成"畏惧"，就像劳里（Lowrie）在他现在已经过时的对克尔凯郭尔的翻译中所做的一样。一些学生也试图继续用焦虑这个术语来代替"畏"[5]，但是我们却陷入了一个困境。这两个选择项似乎是，要么使用焦虑作为一种与其他情感一样的打了折扣的情感，这使用起来将具有科学性，却要以失去这个词的力量为代价；要么使用一个像"畏惧"这样的词，这将具有文字的力量，却没有作为一个科学范畴的角色。因此，关于焦虑的实验室实验在非常多的情况下似乎都令人遗憾地缺少对力量以及我们每天在临床研究中都会观察到的焦虑的破坏性特质的研究，甚至是关于神经症症状和精神病状态的临床讨论也似乎通常会在问题的表面上随波逐流。对焦虑作出存在理解的结果，是要还给这个术语其最初的力量。这是一种不仅令人苦恼还令人畏惧的威胁体验，实际上，它是任何存在都会遭受的最为痛苦和基本的威胁,因此它是失去存在本身的威胁。在我看来,通过将这个概念转变为其本体论的基础,我们的心理学和精神病学关于各种类型的焦虑现象的研究都将受益良多。

现在,我们可以更为清晰地看到焦虑的另一个重要的方面——焦虑总是会涉及内在冲突这一事实。这种冲突不就是我们所说的存在与非存在之间的冲突吗?焦虑在个体面对某种正在出现的潜能或可能性、某种实现他的存在的可能性时出现,但正是这种可能性包括对当前的安全感的破坏,而这因此会引发否认这种新的潜能的倾向。这里存在将出生创伤作为所有焦虑之原型的象征这一真理——这是一种将焦虑这个词看作"狭窄的疼痛""窒息",就好像是穿过出生这条通道一样的词源学来源所暗含的解释。众所周知,这种将焦虑看作出生创伤的解释是兰克所支持的,他将其用来覆盖所有的焦虑,此种解释也是弗洛伊德在一个不如前者那么综合的基础上所赞同的。无疑它含有一个重要的象征性真理,即使人们不会将它看作与婴儿确确实实的出生联系在一起。如果没有某种打开的可能性、某种哭着"出生"的潜能,我们将不会体验到焦虑。这就是焦虑如此深刻地与自由问题联系在一起的原因。如果个体不具有一些自由(无论多么小)来实现某种新的潜能,那么他将不会体验到焦虑。克尔凯郭尔将焦虑描述为"自由的混乱",并更为明确(如果不是更为清晰的话)地补充说,"焦虑是自由在物质化之前作为一种潜能的现实"。戈尔德斯坦通过指出作为个体的人和作为集体的人是怎样怀着摆脱无法忍受的焦虑这一希望而放弃自由的，论证这一点。他引用了在两次世界大战之间欧洲的个体退却到教条的刻板栅栏之后，或者整个群体集体地转向法西斯主义的例子。[6]不管人们选择什么样的方式来论证这一点，这个讨论都指出了"畏"的积极方面，因为焦虑体验本身就证明了某种潜能是存在的，即某种受到非存在威胁的新的存在的可能性。

我们已经指出，当个体面对实现他的潜能这一问题时，其状态是焦虑。现在，我们进一步指出，当这个人否认这些潜能，不能实现这些潜能时，他的状态是内疚（guilt）。这就是说，内疚也是人类存在的一个本体论特征。[7]

对麦达德·鲍斯引证过的一个他所治疗的严重强迫症个案进行概述能够对此作出最佳的论证。[8]这位患者是一位医生，出现了洗刷、清扫的强迫性行为，他已经接受了弗洛伊德式的分析和荣格式的分析。有一段时间，他经常重复做一个关于教堂尖塔的梦，这个梦在弗洛伊德式的分析中根据生殖器象征得到了解释，在荣格式的分析中根据宗教原型象征得到了解释。这位患者能够非常睿智并详细地讨论这些解释，但是他的神经症强迫性行为在短暂地中止一段时间后继续像以前一样反复。在他接受鲍斯分析的第一个月期间，这位患者报告了一个他经常做的梦，在梦中，他会走向一扇老是锁着的厕所的门。鲍斯限制自己每次都只问为什么门需要被锁上——正如他所说的，为了"使门上的球形把手发出咯咯声"。最后，这位患者做了一个梦,在梦中,他穿过了那扇门,然后发现自己在一个教堂里,下身齐腰陷入粪便中,一根绳子缠着他的腰将他往钟塔的方向使劲向上拉。这位患者在非常紧张的状态下暂停了下来,以至于他以为他会被拉成碎片。然后,他经历了一段为期 4 天的精神病发作期;在这 4 天当中,鲍斯一直陪在他的身边。在这之后,分析继续进行,最终取得了非常成功的结果。

鲍斯在他关于这个个案的讨论中指出,这位患者非常内疚,因为他的内部锁住了一些非常重要的潜能。因此,他产生了内疚感。正如鲍斯所指出的,如果我们"忘掉了存在"——通过不将我们自己带进我们的整个存在之中,通过变得不真实,通过滑入毫无个性特征的大众的顺从匿名者之中——那么我们事实上就已经失去了我们的存在,而且在那种程度上我们是失败者。"如果你锁住潜能,你就会由于违反了你的出生、你的'核心'给予你的东西而感到内疚 [或者可以像这样翻译那个德语单词,是感到负债的(indebted to)]。在这种负债和内疚的存在状态基础上,出现了所有的内疚感,不管是无数具体的形式,还是现实中可能会出现的畸形的东西"。这就是这位患者身上所发生的事情。他已经锁上了他身体上和精神上的体验的可能性(鲍斯也是这样表达的,他用的是"驱力"的方面和"神"的方面)。这位患者先前已经接受过力比多和原型的解释,对这些东西都很熟悉。但是,鲍斯说,逃避所有的事情是一种很好的方式。因此,这位患者并没有接受这两个方面并将这两个方面带进他的存在之中；对于他自己，他感到内疚、负债。这就是他患上神经症和精神病的根源（Anlass）。

在治疗结束后写给鲍斯的一封信中，这位患者指出，在他第一次接受分析时，不能真正地接受他的肛门性欲的原因是他"感觉到这位分析者自己的依据并没有得到充分的发展"。这位分析者一直试图将关于教堂尖塔的梦还原为生殖器的象征，而且"在他看来，圣堂的整个分量仅仅是升华这种造成理解上困难的东西"。由于相同的原因，这种原型的解释也是象征性的，绝不能与身体方面的东西综合在一起；而对于那件事情来说，也绝不能真正地与宗教体验紧密联系到一起。

让我们仔细地注意一下，鲍斯说这位患者是内疚的，而不仅仅是说他有内疚感。这是一个具有深远意义的重要句子。这是一种刺穿模糊了许多关于内疚的心理学讨论之浓雾的存在取向——这些讨论的进行都是基于这样的假设，即我们只能论述一些模糊的"内疚感"，就好像内疚是否是真的无关紧要一样。这种将内疚仅仅还原为内疚感的做法难道不是在相当大的程度上造成了很多心理治疗中现实的缺乏与错觉的产生吗？难道它不也倾向于在这个方面确认患者的神经症，即它含蓄地为他不去认真地对待他的内疚并且与他实际上已经丧失了他自己的存在这一事实相安无事开辟了大路吗？鲍斯的观点在这一方面从根本上说是存在主义的，即它很尊重真实的现象，这里的真实现象是内疚。内疚也并不是仅仅与这位患者或任何患者宗教方面的体验联系在一起的：我们可能会由于拒绝接受肛门、生殖器或者生活中的其他任何肉体方面是理智的或精神的方面而感到内疚。这种对于内疚的理解无论如何也不会与对这位患者的判断态度有任何关系。这仅仅与认真地、带着尊重地去对待患者的生活与体验有关系。

我们已经引证的仅仅是本体论内疚的一种形式——由于丧失了某人自己的潜能而产生的内疚。还有其他形式的内疚。例如，还有一种是反对某人的同胞的本体论内疚，这种内疚产生于这一事实，即既然我们每一个人都是一个个体，那么每一个人都必然带着他自己有限的、有偏见的眼光来感知他的同胞。这就意味着，他一直在某种程度上歪曲了他的同胞的真实画面，并一直在某种程度上不能充分地理解和满足其他人的需要。这不是一个道德失败或懈怠的问题——尽管它实际上会由于道德敏感性的缺乏而得到很大程度的提高。它是这一事实一个不可避免的结果，即我们每一个人都是一个孤立的个体，都别无选择，只能通过自己的眼睛来看待这个世界。这种来源于我们的存在结构的内疚，是一种合理谦逊的最为强有力的来源之一，是一种原谅同胞的不涉及感情的态度。

上面提到的本体论的第一种形式——潜能的丧失——大致与我们将在第九章描述和界定的被称为自我世界或自己的世界的世界模式相对应。内疚的第二种形式大致与人际世界相对应，因为这是主要与一个人的同胞相关联的内疚（人际世界与自我世界也将在后面得到解释)。还有本体论内疚的第三种形式,这种形式不但涉及周围世界,而且涉及其他两种模式——有关作为整体的自然的"分离内疚"。这是本体论内疚最为复杂、最为综合的方面。这看起来似乎有点混乱,尤其是我们无法在这个轮廓中详细地对它作出解释;我们将它包括进来是为了完整性,并为了那些可能希望在本体论内疚的领域中作进一步研究的人的利益。这种关于我们与自然相分离的内疚,很可能比我们在这个现代西方科学的年代所能认识到的要有影响得多(尽管受到了压制)。最初,希腊早期存在哲学家之一阿那克希曼德(Anaximander)在一个经典的片段中对它进行了优美的表述:"事物的来源是没有止境的。从它们所产生的地方开始,它们也必然地回去。因为它们在时间的秩序中确实会补赎,确实会为它们的不公正而互相补偿。"

除了别的以外,本体论内疚还有这些特征。第一,每一个人都参与其中。我们所有人都会在某种程度上歪曲他的同胞的现实,而且没有人能充分地实现自己的潜能。我们每一个人与他的潜能之间一直是一种辩证的关系,这在鲍斯那位患者所做的在粪便与钟塔之间被拉来拉去的梦中得到了有力的证明。第二,本体论内疚并非来源于文化的禁止,而是来源于文化习俗的摄入;它来源于自我意识这一事实。本体论内疚并不是由我因为违背了父母的禁令而产生的内疚构成的,而是源自这一事实,即我能将自己看作一个能够作出选择也可以不选择的个体。每一个发展了的人都有这种本体论内疚，尽管其内容会因为文化的不同而不同，而且它在很大程度上是由文化给予的。第三，本体论内疚并不会与病态的或神经症的内疚相混淆。如果它不被接受或者受到压抑，那么它可能就会转变成神经症内疚。就像神经症焦虑是无法面对的正常本体论焦虑的最终产物一样，神经症内疚也是无法面对的本体论内疚的结果。如果个体能够意识到这一点并接受这一点（正如鲍斯的患者后来所做的），那么它就不是病态的或神经症的。第四，本体论内疚不会导致症状形成，相反会对人格产生建设性的影响。尤其是它能够而且也应该在一个人与他的同胞的关系中产生谦逊和敏感性，并在个人使用自己的潜能时增强创造性。

注释

[1] 这些在这个关于本体论焦虑的概述中提出的观点是以警句的形式给出的。为了节省篇幅，我们被迫省略了在每一点上都可以被引用的大量经验资料。这种关于焦虑的观点的一些方面得到了更为充分的发展，可参见：Rollo May, *The Meaning of Anxiety*, rev. ed. New York: Norton, 1977。

[2] 我们在这里谈到焦虑时将它看作一种"主观的"状态，这就对主观的东西与客观的东西作出了区分，这种区分在逻辑上可能不是完全合理的，却表明了这种我们可以根据其进行观察的观点。我们可以从外部观察到的焦虑体验的"客观的"一面，呈现在像失调行为、灾害性行为这样的案例中，或者症状－形成这样的神经症案例中，或者像倦怠、强迫性活动、无意义的娱乐以及意识的阻断这样的"正常的"人的案例中。

[3] Eugene Minkowski, "Findings in a Case of Schizophrenic Depression," in: *Existence: A New Dimension in Psychology and Psychiatry*, ed. Rollo May, Ernest Angel, and Henri Ellenberger, New York: Basic Books, 1958. 参见该书中对这种现象的讨论。

[4] 在说英语的国家中我们这种回避对焦虑体验作出反应的实用主义倾向——在英国是通过斯多葛学派，而在这个国家是通过不大声叫出来或表现出害怕——是否是我们还没有发展出词语来公平地对待这种体验的部分原因，是一个非常有趣的问题。

[5] May, p.32.

[6] Kurt Goldstein, *Human Nature in the Light of Psychopathology*, Cambridge: Harvard University Press, 1940.

[7] 有一种具有合理性的论点认为，我所称的"本体论内疚"应该被称为"存在主义的普遍内疚"。这两个术语在非常大的程度上指的是相同的东西，因此我决定还是保持前面这个术语"本体论的"，这也是我最初开始撰写时就使用的术语。（R.M., 1983.）

[8] Medard Boss, *Psychoanalyse und Daseinsanalytik*, Bern and Stuttgart: Verlag Hans Huber, 1957. 我非常感激埃里希·海特（Erich Heydt）博士，他是鲍斯的学生和同事，他为我翻译了这部著作的一部分，还与我详细地讨论了鲍斯的观点。

第八章
在世存在

在重要性方面仅次于存在治疗者对存在之寻求的，是他们对于这个世界上的人的关注。"要理解强迫症患者，"埃尔温·斯特劳斯写道，"我们必须首先理解他的世界。"就此而言，这对于所有其他类型的患者以及任何人来说当然也是正确的。在一起意味着在同一个世界上在一起，而认识意味着在同一个世界的背景下认识。必须从内部理解特定患者的世界，必须尽可能从存在于其中的那个人的角度来认识和理解。宾斯万格写道："就像弗洛伊德最初系统地去做的那样，我们精神病学家付出了过多的注意力在我们的患者对于在我们所有人看来都很平常的世界生活的偏离方面，而不是主要集中注意力于患者自己的或私人的世界。"[1]

问题在于我们要怎样去理解其他人的世界。它不能被理解为一个我们可以从外部去观察的物体的外在集合体（在这种情况下，我们永远都不能真正地理解它），也不能通过情感上的认同来进行理解（在这种情况下，我们的理解没有任何益处，因为我们已经不能保存我们自己的存在的现实）。这真是一个困难的两难问题！我们所需要的是一种底切这个"肿瘤"的——传统的主观－客观两分法——关于世界的取向。

这种试图重新发现人是在世存在的努力之所以如此重要，原因在于它直接冲击了现代人最为严重的问题之———他们已经失去了他们的世界，失去了他们的共同体验。克尔凯郭尔、尼采以及那些追寻他们的存在主义者都不断指出，现代西方人的焦虑和绝望有两个主要来源，首先是他丧失了他的存在感，其次是他丧失了他的世界。存在分析者认为，有很多证据表明，这些预言者是正确的，而且20世纪的西方人不仅体验到一种与他周围的人类世界的异化，还在自然界中承受了一种被疏远的（比如说，一个假释的罪犯）、内在的、折磨人的确认。

弗雷达·弗洛姆－理查曼与沙利文的著作描述了那个已经失去了他的世界的人的状态。这些学者以及其他类似于他们的人论证了关于孤独、隔离与异化的问题是怎样在精神病学文献中得到越来越多的论述的。这个假设看起来很可能是，不仅精神病学家和心理学家中对这些问题的意识有一种提高，而且这种状况本身在存在方面也有一种提高。泛泛地说，这些隔离与异化的症状反映了一个人与世界的关系已经被破坏的状态。一些心理治疗师已经指出，越来越多的患者表现出精神分裂症的特征，而且我们这个时代"典型的"精神问题类型不是像在弗洛伊德那个时代一样是歇斯底里，而是精神分裂症——那些分离的、事不关己的、缺乏情感的、倾向于人格解体并通过理智化和技术阐述来掩盖他们的问题的人的问题。[2]

还有大量的证据表明，不仅是那些有病理状况的人，而且在我们这个时代还有无数的"正常"人也承受着这种隔离感，即个人自我与世界的异化。里斯曼（Riesman）在他的研究《孤独的人群》（*The Lonely Crowd*）中列举了大量的社会心理学数据，以证明分离的、孤独的、异化的人格类型不仅是神经症患者的特征，同时也是我们这个社会中作为一个整体的人的特征，而且在过去的20年中朝向那个方向发展的趋势已经得到增强。他提出了这个具有重大意义的观点，认为这些人与他们的世界进行的是一种技术性的沟通；他的"外部导向的"人（我们这个时代的典型特征）都是从其技术性的、外在的一面来与一切事物发生联系的。例如，他们倾向于不说"我喜欢这部戏剧"，而是说"这部戏剧拍得很好""这篇文章写得很好"，等等。其他关于我们社会中个人隔离与异化这种状况的描述还有弗洛姆的《逃避自由》（*Escape from Freedom*），该书尤其进行了社会政治方面的考虑。卡尔·马克思尤其对源自现代资本主义的以金钱这个外在的、物质中心的东西为依据来评价一切事物这种倾向的非人化进行了阐述，而且蒂利希也从精神的观点对此进行了描述。加缪的《局外人》和卡夫卡的《城堡》（*The Castle*）以惊人的相似性对我们的观点进行了论证：他们两个都对一个对他自己的世界而言是陌生人的人进行了鲜明的、扣人心弦的描绘，这个人对他所寻求去爱或者假装去爱的其他人而言也是一个陌生人；他以一种无家可归的、模糊的、朦胧的状态四处徘徊，就好像他与他的世界没有直接的感觉联系，而是在一个陌生的国度，在那里他不懂当地语言，也没有希望学会这种语言，却一直注定要在静静的绝望、不得与外界接触的无家可归中徘徊，而且注定是一个陌生人。

关于失去世界的问题也不仅仅是一个缺乏人际关系交流或缺乏与同伴的沟通的问题。其根源也深入社会的层面之下，直到出现一种与自然世界的异化。这是一种特殊的隔离体验，被称为"认识论的孤独"[3]。在关于异化的经济学、社会学和心理学这些方面之下，我们能找到一个深刻的共同分母——作为四个世纪以来人类作为主体与客观的世界相分离的圆满完成之最终结果的异化。这种异化在西方人想要获得超越自然的力量的激情中表现出来已经有好几个世纪了，但是现在它却在一种与自然的疏远以及一种对于获得任何真正的与自然世界的关系，包括与个人自己的身体的关系的这种模糊的、无法表达的、半压抑的绝望感中表现了出来。

在这个对于科学拥有如此明显的自信的世纪，这些句子可能听起来有些奇怪。但是，让我们来更仔细地分析一下这个问题。萨特指出，现代思维之父笛卡儿坚持认为自我与意识和世界以及其他人是相分离的。[4] 这就是说，意识被切断，成为孤立的了。感觉不会直接地告诉我们关于外部世界的任何东西，它们仅仅为我们提供推论的资料。在现代，笛卡儿通常是一个替罪羊，人们让他为主体与客体之间的两分法承担着谴责；但他仅仅是反映了他那个时代的精神以及现代文化中潜在的倾向，他看到了这些，并非常清楚地写了下来。萨特继续说，与现代人对"当前世界"的关注相比，中世纪通常被认为是专注于来世的。但是实际上，中世纪基督的灵魂被看作真正地与世界联系在一起，它确实存在于这个世界。人们将关于他们的世界体验为直接真实的（参见 Giotto），将身体体验为即时的、真实的（参见 Saint Francis）。然而，从笛卡儿开始，灵魂与自然已经互相没有任何关系了。自然只属于广延实体（res extensa）的领域，要根据数学来进行理解。我们只能通过推论间接地认识世界。这设定了我们从那时开始一直为之争论到现在的问题，其充分的含义要到最近一个世纪才能看到。萨特指出了传统的关于神经学和生理学的教科书是怎样接受这种学说，并努力地想证明神经方面所发生的事情仅仅是一种与真实世界的"符号式的"关系，只有"潜意识的推论才导致这个关于外在世界存在的假设"。

对这段关于观念的历史感兴趣的读者将会想起莱布尼茨著名的学说中对于相同情境的重要的、给人深刻印象的象征，即所有现实都是由单子（monads）构成的。这些单子没有互相朝着对方开着的门或窗户，它们每一个都是分离的、隔离的。"每一个单个的单元实质上都是孤独的，没有任何直接的沟通。这个观念的令人恐怖之处被那个调和的前提给克服了，即在每一个单子中，整个世界都是潜在地存在的，而且每一个个体的发展都是与其他所有个体的发展处于一种自然的和谐当中。这是资产阶级文明早期最为深刻的形而上学情境。它适应于这种情境，是因为仍然存在一个共同的世界，尽管社会原子化日益增强。"（Paul Tillich, *The Protestant Era*, p.246）这种"预定和谐"说是关于天命的宗教观点的遗留物。个体与世界之间的关系是以某种方式"预先注定"的。笛卡儿以一种相似的风格坚持认为，上帝——他认为他已经证明了上帝的存在——保证了意识与世界之间的关系。在现代的扩展阶段，社会－历史情境是莱布尼茨与笛卡儿所坚持的"信念"，它反映了仍然存在一个共同的世界这个事实。但是现在，上帝不仅已经"死了"，而且一首为上帝之死而作的安灵弥撒也已经唱响，人与世界之间的关系中内在的完全的隔离与异化已经变得非常明显。更为直白地提出这个问题就是，当人本的价值观与希伯来－基督教价值观随着我们前面已经讨论过的那些文化现象解体时，这种情境的内在含义就出现了。

因此，现代人感觉到与自然的疏远，感觉到每一种意识都是孤零零的、单独的绝不是偶然。这已经被"固定"进了我们的教育之中，而且在某种程度上甚至已经嵌入我们的语言之中。它意味着对这种隔离情境的克服不是一项简单的任务，它需要某种根本得多的东西，而不仅仅是对我们当前一些观念进行重新组合。

现在，让我们来看一下存在分析者是怎样去重新发现人是一种与他的世界相互关联的存在，并重新发现世界对于人而言是有意义的。他们坚持认为，个体与他的世界是一个整体，在结构上是完整的；"在世存在"这个术语很精确地表达了这一点。自我与世界这两极总是辩证地联系在一起。自我暗含了世界，而世界也暗含了自我；如果没有其中一个，另外一个也不会存在，而且只有根据其中一个，我们才可以理解另外一个。例如，谈到一个在他的世界之中的人（尽管我们经常这么做）主要暗含了一种空间的关系，是毫无意义的。"在一个盒子里面的火柴"这个短语确实暗含了一种空间的关系，但是说一个人在他的家中、在他的办公室中或者在一个海边的旅馆中，却暗含了某种完全不同的东西。[5]

我们不能通过描述环境来理解一个人的世界，不管我们的描述有多么复杂。正如我们在下面将要看到的，环境仅仅是世界的一种模式；谈论一个人在某个环境之中，或者询问"环境对他产生了什么样的影响"，其共同的倾向是很大程度上的过分简单化。冯·于克斯屈尔（Von Uexküll）甚至以一种生物学的观点坚持认为，人们可以很合理地假定，有多少种动物，就有多少种环境（Umwelten）；"不只有一个空间和时间，"他接着说，"而是有多少个主体，就有多少个空间和时间。"[6] 人类拥有自己的世界，这在多大的程度上是不对的？即使这将使我们面对不容易解决的问题——因为我们无法用完全客观的术语来描述世界，世界也不可能局限于我们对于周围结构的主观的、想象的参与之中，尽管那也是在世存在的一部分。

世界是富有意义的关系的结构，个体存在于其中，而且参与到对它的设计之中。因此，世界包括过去的事件，这些事件决定了我的存在以及所有施加于我身上的大量决定性影响。但是，正是诸如我与它们相关联、我意识到它们、我记得它们这些情况，在关联的每一个时刻塑造着它们，并不可避免地形成、构建着它们。觉察到某人的世界同时也意味着设计这个世界。

世界并非仅仅局限于过去的决定性事件，也包括所有对任何人都开放的并且并不仅仅是在历史情境中才有的可能性。世界也因此不能与"文化"相等同。它包括文化，但是还包括其他很多东西，如自我世界（不能还原为仅仅是一种文化的摄入的自己的世界）以及个体将来的所有可能性。[7]夏克泰尔写道："如果一个人不仅仅是在理智上，而且是用他整个的人格理解所有的语言和文化，那他就能够知道世界无法想象的丰富性与深度及其对于人而言所可能具有的意义。这将包括从历史方面可以了解的人的世界，但是不包括将来无穷的可能性。"[8]正是这种"世界的开放性"从主要的方面将人的世界与动物和植物的封闭世界区分开来。这并不否认生命的有限性；我们所有人都受到死亡与年老的限制，并且都会遭受各种各样的疾病。相反，要点在于，这些可能性是在存在的相倚性这种背景下给予的。实际上，在一种动力学的意义上，这些将来的可能性是任何人类世界最为重要的方面，因为它们是个体用其来"构建或设计世界"的潜能——这是存在治疗者非常喜欢使用的一个短语。

世界绝不是某种静态的东西,不是某种纯粹给予而且个体因此而"接受"、"适应"或"与之斗争"的东西。相反,它是一种动力学的模式,即只要我拥有自我意识,我就是处于形成和设计的过程之中。因此,宾斯万格说,世界是"存在已经在向其爬行的东西,而且存在已经根据它来设计自身"[9]。他继续强调说,虽然一棵树或一只动物受到它关于环境的"蓝图"的约束,但"人的存在不仅包括大量关于存在模式的可能性,而且它正好植根于存在的这种多样的潜能"。

存在分析者对患者的"世界"进行分析的重要的、非常富有成果的效用表现在罗兰德·库恩对鲁道夫(Rudolf)的研究中,鲁道夫是一名年轻的屠夫,他枪击了一个妓女。[10]正如库恩在这个案例中所概述的事实:

> 1939年3月23日,R.鲁道夫,一名工作努力、不引人注意、没有任何警察局记录的21岁年轻屠夫,枪击了一个妓女——试图杀死她。
>
> 早上,他下了班,穿上了节日盛装,买了一把手枪和弹药,然后买了一张单程票去了苏黎世。他一整天都在那里闲荡,在几个酒馆停了下来,但都没有喝多。下午5点,他在一个酒吧遇到了一个妓女,陪她到了她的房间,与她发生了

关系。在他们两个人都重新穿好了衣服之后,他开了枪。她中了弹,但只受了轻伤。在这个犯罪举动发生后不久,鲁道夫到警察局自首。

注意到鲁道夫在他父亲去世后的这段时间一直处于哀悼之中,库恩接着用相当大的篇幅来理解"哀悼者的世界"。鲁道夫已经回避并压抑了对他母亲的哀悼举动。他母亲在他4岁时就去世了。从那以后,他就一直生活在一个"哀悼的"世界之中——通常都是抑郁的,似乎没有任何欢乐的体验。在他母亲去世后,他在她的床上睡了好几年,似乎是在寻找她,或者是在寻找体验哀悼并使其离开他的身体的机会。库恩引用了里尔克的话:"杀害是神游性哀悼的形式之一。"正如库恩在这里对其进行描述以作出概述一样,这个个案太复杂了。但是,这项研究的结论却给读者留下了一种完整的对鲁道夫的"哀悼者的世界"的理解,并且还让他们知道鲁道夫试图杀死那个妓女其实是对他母亲的一种哀悼举动。我认为,这种澄清无法通过任何方法获得,除了这样一种对"在他的世界中的患者"的描述。

注释

[1] L. Binswanger, in *Existence*: *A New Dimension in Psychology and Psychiatry*, ed. Rollo May, Ernest Angel, and Henri Ellenberger, New York: Basic

Books, 1958, p.197.

[2] 注意，这种描述与一种逐字翻译过来的预测之间关系非常密切，两者几乎可以等同。这种预测是对当代的精神分析者，尤其是海因兹·科胡特（Heinz Kohut）在20世纪70年代中期撰写的著作中将其描述为"自恋型人格"的东西的预测。（R.M., 1983.）

[3] "认识论的孤独"这个词是大卫·巴坎（David Bakan）用来描述西方人与他自己的世界相隔离的体验的。他认为这种隔离来源于我们从英国经验主义者洛克、贝克莱（Berkeley）和休谟（Hume）那里继承来的那种怀疑论。他坚持认为，他们的错误尤其在于认为"这位思考者在存在方面是孤单的，而不是作为一个正在思考的团体中的一员和参与者"。参见：David Bakan, "Clinical Psychology and Logic," *American Psychologist*（December 1956），p.656。有趣的是，巴坎在很好的心理学传统中将这种错误解释为一种社会层面的错误——与团体的分离。但是，它不是更可能是症状而不是原因吗？更确切地说，这种与团体的隔离难道不只是一种方法——一种更为根本、更为广泛的隔离表现出它自身的一种方法吗？

[4] 参见：*Existence*, p.142。

[5] 因此，当海德格尔谈到一个人在某个地方时，他通常用 to sojourn 和 to dwell 这些术语，而不是用 is。他使用 world 这个术语是在德语 kosmos——这个我们在其中做出行动与反应的"世界"的意义上来使用的。他斥责笛卡儿，说后者太关注广延实体，以至于后者去分析世界上所有的物体与事物，却忘记了最为重要的事实——存在一个世界本身，也就是这些物体与个体之间的一种富有意义的关系。现代思维在这一点上几乎无一例外地追随笛卡儿的观点，极大地削弱了我们关于人类的理解。

[6] 参见：L. Binswanger, *Existence*, p.196。

[7] 在常见的用法中，文化这个术语通常是被放在个体之上的——例如，"文化对个体的影响"。这种用法很可能是"个体"与"文化"这两个概念出现于其中的主观与客观之间的两分法所导致的一个不可避免的结果。它忽略了一个非常重要的事实，即这个个体在每一个时刻也都在形成他的文化。

[8] 夏克泰尔接着说："世界的开放性是人类警醒的生活的独特特征。"他具有说服力地、清晰地讨论了生活空间和生活时间，这两者是人类世界区别于植物和动物世界的特征。"在动物身上，驱力与情感在非常大的程度上还是与一种遗传下来的本能组织联系在一起的。动物被嵌入这种组织，并被嵌入与这种组织相对应的封闭世界（于克斯屈尔的'工作世界'和'实质行动世界'）。人与他的世界的关系是一种开放的关系，这种关系仅仅在一种非常小的程度上是由本能组织控制的，而在非常大的程度上是由人的学习与探究控制的。在学习与探究中，他建立了他与他的同胞之间以及与他周围的自然世界和文化世界之间复杂的、变化着的、发展中的关系。"夏克泰尔论证了人与他的世界之间具有非常密切的相互关系，以至于"我们所有的情感都来自……在我们与我们的世界中间打开着的这些空间缺口和时间缺口"。参见：Schachtel, "On Affect, Anxiety and the Pleasure Principle," in *Metamorphosis*, New York: Basic Books, 1959, pp.19-77。

[9] L. Binswanger, "The Existential Analysis School of Thought," in *Existence*, p.191. 在这一章中，注意到宾斯万格得出的他的"世界"概念与库尔特·戈尔德斯坦的概念之间的相似之处是非常重要的。

[10] Roland Kuhn, in *Existence*, pp.365-425.

第九章
世界的三种模式

正如我们已经发现的,存在分析者区分了世界的三种模式——世界三个同时存在的方面——这成为作为在世存在的我们每个人存在的特征。第一个是周围世界,字面意思是"围绕世界的",这指的是生物的世界,在我们这个时代通常被称为环境。第二个是人际世界,字面意思是"和世界的",这指的是与某人种类相同的存在的世界,即某人的同胞的世界。第三个是自我世界,即"自己的世界",指的是个人与自己的关系的世界。

第一个,即周围世界,在通常的说法中被等同于世界——我们周围的物体的世界、自然的世界。所有的有机体都有一个周围世界。对于动物和人类来说,周围世界包括生物需要、驱力、本能——这个世界是即使(我们可以假定)一个人没有自我意识也仍然能够存在于其中的世界。这是一个有自然规律的、自然循环的世界,是一个有着睡眠与苏醒、出生与死亡、欲望与宽慰的世界,是有限的、生物决定论的世界,是我们每个人都由于出生而被狠狠地掷入其中的世界,而且是我们每个人都必须以某种方式去适应的"被抛入的世界"。存在分析者根本就没有忽略自然世界的现实;正如克尔凯郭尔所说,"自然规律永远都是有效的"。他们不与那些将物质世界还原为一种副现象的唯心主义者打交道,不与那些将其看作纯粹主观的世界的直觉主义者打交道,也不与任何低估生物决定论的世界的重要性的人打交道。实际上,他们坚持严肃认真地对待自然的客观世界是他们的特征之一。在解读他们时,我经常有这样一种印象,即他们比那些将其分割为"驱力""实体"的人能够拥有更强的现实性去掌握周围世界,即物质世界,这恰恰是因为他们没有仅仅局限于周围世界,而是在人的自我意识这个背景下看待它。[1]前面引用的鲍斯用"粪便与教堂塔尖"的梦来对患者所进行的理解就是一个极好的例子。他们坚持认为,像周围世界这样似乎是唯一的存在模式来对待人类,或者将那些符合周围世界的范畴遗留下来以形成一种强加于所有人类体验的、强求一致的东西,是一种过分的简单化,而且是完全错误的。在这一点上,存在分析者比机械论者、实证主义者、行为主义者更为经验主义——更尊重真实的人类现象。

人际世界指的是人与人之间的相互关系。但是不要将它与"群体对个体的影响"、"集体心理"或者各种形式的"社会决定论"相混淆。当我们注意到一群动物与一个人类共同体之间的区别时,就可以看到人际世界的特质了。霍华德·里德尔已经指出,对于他所饲养的羊来说,"群居本能指的是使环境保持不变"。除了在交配和哺乳时期,对于羊来说,一群大型牧羊犬或牧童也能很好地为它们提供这样一种保持不变的环境。但是,在人类群体中,存在着一种复杂得多的相互作用,群体中的他人的意义部分是由个人自己与他们之间的关系所决定的。严格地说,我们应该说动物拥有一个环境,而人类拥有一个世界。因为世界包括意义的结构,而这种结构是由在其中的个体之间的相互关系建构的,所以在我看来,群体的意义部分取决于我在多大程度上让自己投身于其中。而且,我们也因此而不能在一种纯粹的生物学水平上理解爱,而应该依赖于诸如个人决定、对他人的承诺等因素。[2]

在人际世界中,"顺应"(adjustment)和"适应"(adaptation)这些范畴是完全正确的。我适应了寒冷的天气,我顺应了我的身体对于睡眠的周期性需要。关键性的一点是,天气并没有因为我对它的适应而发生改变,它也没有因此而受到一点点的影响。顺应发生在两个物体之间,或者是一个人与一个物体之间。但是在人际世界中,顺应与适应的范畴并不确切。关系(relationship)这个术语给出了正确的范畴。如果我坚持要另一个人适应我,那么我就不是把他当作一个人来对待,不是把他看作此在,而是将他看作一种工具;而且即使是我适应我自己,我也是在将自己当作一个物体来使用。人们永远都无法确切地说人类是"性对象";一旦一个人是一个性对象,那么你在谈论的就不再是一个人。关系的本质在于,在会心中，两个人都发生了改变。假如涉及的人没有得非常严重的疾病，而且具有某种程度的意识，那么关系就一直会包括相互的觉察；而这已经成为由于会心而相互受到影响的过程。

自我世界，或"自己的世界"，是论述得最不充分的模式，或者说是现代心理学与深蕴心理学中理解得最不充分的模式。实际上，说它几乎被忽略了是很公正的。自我世界以自我觉察和自我关系为先决条件，而且它是人类所特有的。但它不仅仅是一种主观的、内在的体验；相反，它是我们从其正确的视角来看待真实世界的基础，是我们发生关联的基础。在我看来，它指的是掌握世界上的某种东西——这束花、另外那个人。铃木（Suzuki）说过，在东方语言如日语中，形容词总是含有"为我性"的含义。这就是说，"这花很漂亮"就意味着"在我看来，这花很漂亮"。相反，西方的主观与客观之间的两分法已经使得我们假定，如果我们说这花很漂亮，那我们所说的是完全与我们自己相分离的，就好像一句话的正确性越显著，同我们自己与此越无关是成比例的。这种将自我世界从画面中除去的做法，不仅导致了枯燥无味的唯理智论和活力的丧失，而且显然与这一事实有很大的关系，即现代人倾向于丧失他们体验的现实感。

应该清楚的是，世界的这三种模式一直是相互关联的，而且总是互为条件。例如，在每个时刻，我都存在于周围世界这个生物世界中。但是，我怎样与我的睡眠需要、天气或任何本能相联系——

在我的自我意识中，我是怎样看待周围世界的这个或那个方面的——对于其于我而言的意义以及我将如何对其作出反应的条件来说是非常重要的。人类同时生活在周围世界、人际世界和自我世界中。它们绝不是三种不同的世界，而是三种同时存在的在世存在的模式。

上面关于世界的三种模式的描述会引出一些含义。一个是，如果强调这些模式中的一种以排除另外两种，那么在世存在的现实就会丧失。在这一点上，宾斯万格坚持认为，经典精神分析论述的仅仅是周围世界。弗洛伊德研究的才华与价值在于揭示周围世界中的人，这是本能、驱力、相倚性、生物决定论的模式。但是，传统精神分析中只有一个模糊的人际世界的概念，这是作为主体的人与他人之间的相互关系的模式。有人可能会提出，个体纯粹出于满足生物需要这种必要性而需要去找到彼此，以及力比多驱力需要社会的出口并使得社会关系成为必要，从这个意义上说，这样的精神分析确实具有一个人际世界。但这仅仅是从周围世界中派生出人际世界，使得人际世界成为周围世界的一种副现象；而且这意味着我们根本就不是在真正地研究人际世界，而仅仅是研究周围世界的另一种模式。

非常清楚的是，人际流派确实具有直接研究人际世界的理论基础。只举一个例子，即这在沙利文的人际理论中得到的证明。尽管我们不应该将它们相等同，但是人际世界与人际理论有非常多的共同之处。然而，在这一点上存在的危险是，如果自我世界也被忽略，那么人际理论就会倾向于变得空洞和枯燥无味。众所周知，沙利文反对个体人格这个概念，并非常努力地根据"反映性评价"和社会范畴——这个个体在人际世界中所扮演的角色——来界定自我。[3]从理论上讲，这一点在逻辑上存在着相当大的前后不一致，而且实际上直接地与沙利文其他非常重要的贡献相悖。从实践上讲，它倾向于使得自我成为一面围绕个体所在群体的镜子，使自我失去活力和创造力，使得人际世界被还原为纯粹的"社会关系"。它为与沙利文及其他人际思想家的目标完全相反的倾向——社会顺从开辟了道路。人际世界不会自动地并入周围世界或自我世界。

但是，当我们开始讨论自我世界模式本身时，我们发现自己处在未被开发的心理治疗理论的边缘。说"与自己相关联的自我"是什么意思呢？在意识、自我觉察这些现象中所发生的是什么呢？当一个人的内在格式塔发生自我改变时，"顿悟"中发生的是什么？"认识自己的自我"实际上是什么意思？这些现象中的每一个几乎在每一个瞬间都在我们所有人身上发生，它们实际上比我们的呼吸离我们更近。然而，可能恰恰是因为它们离我们太近，所以没有人知道在这些现象中发生的是什么。这种与它自己相关联的自我的模式是弗洛伊德从来都没有真正看到的体验的方面，而且是否有任何流派已经获得了一个充分论述它的基础还是不确定的。当然，自我世界是在面对我们西方的技术成见时最难掌握的模式。我们有充分的理由认为，自我世界的模式是绝大多数澄清将发生在以后几十年的领域。

这种关于在世存在模式的分析的另一个含义是，它为我们提供了对爱进行心理学理解的一个基础。人类爱的体验显然不能在周围世界的界限内得到恰当的描述。国内的这些人际流派，主要是关于人际世界的流派，都对爱进行了论述，尤其是沙利文的"好朋友"意义的概念，以及弗洛姆关于在当代疏远的社会中爱所遇到的困难的分析。但是，对进行进一步研究的理论基础是否存在于这些或其他的流派中产生疑问是有原因的。上面给出的相同的、普遍的警告在这里也是恰当的——如果没有一个关于周围世界的恰当概念，爱就会变得没有活力，而且如果没有自我世界，它就会缺少力量和能力来使自己富有成效。

无论如何，在理解爱时，自我世界都是不能被忽略的。尼采和克尔凯郭尔不断地坚持认为，爱预先假定，一个人已经变成了"真实的个体"，变成了"孤独的个体"，变成了"已经理解了这个深奥的秘密，即在爱另一个人时，他也必须足够地爱自己"的个体。[4]像其他存在主义者一样，他们自己并没有获得爱；但是，他们促进了对19世纪的人施行心理－外科手术，这有可能会把障碍清除，并使得爱成为可能。基于同样的原因，宾斯万格及其他存在治疗者也频繁地谈到爱。尽管有人能够在一个特定的治疗案例中提出关于爱是怎样得到确切研究的问题，但是他们并不能给予我们最终在心理治疗中对爱进行恰当的研究的理论基础。

有人感觉到，在美国大量关于爱的心理学和精神病学讨论中，缺少悲剧性的维度。实际上，将悲剧带进这幅画面在任何意义上都需要在世界的三种模式下来理解个体——生物驱力、命运与决定论的世界（周围世界）；对同胞的责任的世界（人际世界）；个体在其中能够意识到在那个时刻他独自在斗争的命运的世界（自我世界）。自我世界对于任何悲剧性体验来说都是必不可少的，因为个体必须在大量操纵他的命运的自然力量和社会力量中意识到他自己的同一性。有人已经正确地说出，在美国我们缺少一种悲剧感——因此在戏剧或其他艺术形式中很少创作出真正的悲剧——是因为我们缺少个体自己的同一感和意识。

注释

[1] 在这个方面，指出这一点是具有重要意义的，即克尔凯郭尔和尼采与19世纪大多数思想家不同，他们能够认真地对待身体。其原因在于，他们不是将它看作一个关于抽象物的物质与驱力的集合体，而是将它看作一种个体现实的模式。因此，当尼采说"我们是用我们的身体来思考的"时，他所指的是某种与行为主义者所认为的完全不同的东西。

[2] 马丁·布伯在他的"我与你"的哲学中发展了人际世界的含义。我们可以参见他在华盛顿精神病院所作的演讲（参见：*Psychiatry* 20, May, 1957），尤其是那则关于"距离与关系"的演讲。

[3] 这个概念最初被威廉·詹姆斯阐述为"自我是个体所扮演的不同角色的总和"。尽管这个概念在那个时代是一种获得，它战胜了一个存在于真空之中的虚假的"自我"，但我们还是想指出，它是一种不恰当的、错误的界定。如果一个人始终如一地接受这种定义，那他不仅会拥有一幅关于不完整的"神经症"自我的画面，而且在把这些角色加到一起时会陷入各种各样的困难之中。而我认为，自我并不是你所扮演的各种角色的总和，而是你知道你就是那个正在扮演这些角色的人这种能力。这是整合的唯一要点，并且合理地使这些角色成为自我的各种表现形式。

[4] Sören Kierkegaard, *Fear and Trembling*, trans. Walter Lowrie, New York: Doubleday, 1954, p.55.

第十章
关于时间与历史

我们将要考虑的存在分析者的下一个贡献是他们关于时间的独特观点。他们受到这一事实的吸引，即大多数深刻的人类体验，如焦虑、抑郁、欢乐等都更多地发生在时间的维度上，而不是空间的维度上。他们大胆地将时间放进了心理学画面的中心，并进一步对其进行了研究，不是像传统的方式那样将它看作空间的一个类比，而是研究它自身对于患者而言存在的意义。

一个关于时间的这种新取向对于心理学问题所产生的新启示的例子，可以见于叶甫盖尼·明可夫斯基的一项参与性个案研究。[1] 经过精神病学训练后，明可夫斯基来到了巴黎，他受到时间维度上的关联的吸引，随后柏格森让他去理解精神病患者。[2] 明可夫斯基与这位患者生活在一起。用他自己的话说：

> 1922年，霉运——或者更确切地说是，人生的浮沉——迫使我花了两个月的时间去当一位患者的私人医生……

这位患者是一位66岁的老人，他表现出患上了一种抑郁性精神病和被害妄想症，有着内疚和毁灭的想法……街上的人们都很奇怪地看着他，他的仆人都被他人收买来监视他、出卖他，报纸上的每一篇文章都是针对他，而且那些已经出版印刷的图书都仅仅是为了反对他及他的家人……

我拥有每天都跟随他的可能性，不是在一个精神病院或疗养院，而是在一种日常的环境中……我不仅能够观察这位患者，而且几乎在每一个时刻，我都拥有将他的心理生活与我自己的进行比较的可能性。这就好像是两种同时在演奏的旋律；尽管这两种旋律非常不和谐，但是在一种旋律的音符与另一种旋律的音符之间建立了某种平衡，并使得我们可以更为深入地透析我们的患者的心理。

……确切地说，他的心理与我的心理之间哪里存在不一致？我们会问，什么是一种幻想？这真的仅仅是一种知觉的障碍和判断的障碍吗？这将我们带回了我们当前的问题——患者的心理与我们自己的心理之间哪里存在不一致？

当我到达时，他说那天晚上他肯定会被执行死刑；由于这种恐惧，他无法入睡，他还让我一整夜都不睡觉。我还安慰我自己，心想天一亮，他就会看到他所有的害怕都是虚空的。但是，第二天、第三天又重复了同样的事情，直到三四天后我放弃了希望，而他的态度没有一丁点的改变。发生了什么事情？这只不过是我作为一个正常人很快就能从观察到的事实中得出的关于未来的结论。我现在知道他会日复一日地继续发誓说他在那天晚上就会被折磨死，而他也确实是这么做的，根本就没有想到现在或过去……在他身上，过去和现在遗留给将来的东西是完全缺乏的。

……这种推理……表明在他对于将来的总体态度中有一种极深的障碍；我通常会将其整合成一个渐进的、整体的时间，在这里却被分割成了许多孤立的部分。

在这个案例中，明可夫斯基指出，这位患者不能与时间相联系，而且每一天都是一个既没有过去又没有将来的孤岛。从传统上看，治疗者将仅仅推断，这位患者不能与将来相联系，不能"顺应时势"，是因为他有这些幻想。明可夫斯基认为恰恰相反。他问道："相反，难道我们不能认为更为根本的障碍是这种对于将来的歪曲态度，而幻想仅仅是其表现形式当中的一种吗？"明可夫斯基这种具有创新性的观点为这些关于时间的黑暗的、未被开发的领域投下了一束光亮，并带来了一种自由，使人们不受仅仅与传统的思维方式捆绑在一起才出现的临床思维的限制和束缚。

在阅读这个案例时，我想起了在自己的心理治疗实践中一件类似的事情。这就是，我吃惊地发现，如果我们能够帮助严重焦虑或抑郁的患者集中注意力于将来的某一点，这个时候他将会超越他的焦虑或抑郁，那么这场战争就赢了一半。严重的焦虑和抑郁的本质是，它吞没了我们的整个自我，就像明可夫斯基所说，它感觉起来就像是整个世界（universal）。但是，患者所教授的那堂导致他如此焦虑的课程将会结束，或者那场与老板待在一起会让他感到恐惧的会议将要过去——那么他将会有什么样的感觉呢？将注意力集中于时间上超出抑郁或焦虑的某一点，给予患者一种视角、一种从高处来谈论的见解，而这很可能会打破焦虑或抑郁的链条。患者也可能因此而放松，某种希望也会慢慢出现。

如果我们心理治疗师在专心致志于抑郁或焦虑的内容时忘掉了时间维度，那么通常情况下比我们更接近真实的存在体验的诗人是肯定不会忘掉的。莎士比亚在他著名的诗句中，让他那位极度抑郁的人物麦克白深思的不是他的罪恶，不是内容的维度，而是时间的维度：

>   明日，明日，复明日，
>   日复一日地以细微的步伐前行，
>   直到有记录的时间的最后一个音节；
>   而我们所有的昨天为傻瓜们点亮了
>   通往肮脏的死亡之路。

这种关于时间的新取向开始观察到，关于存在的最为关键的事实是它一直在出现——它一直处于生成的过程中,在时间方面一直在发展,而且永远都不会被界定为静态的点。[3] 从字面上看,存在治疗者提出了一种存在心理学,而不是"是"、"已经是"或者固定不变的无机的范畴。尽管他们的概念在几十年前就已经构建出来了,但是诸如莫勒(Mowrer)、里德尔等所进行的心理学实验研究阐明并证实了他们的结论,意义还是非常重大的。莫勒在他最为重要的一篇论文的结尾坚持认为,时间是人格的独特维度。"时间固定"——将过去带进现在,作为生物体在其中行动和反应的整个因果关系的一部分的能力——是"心理的本质,同样也是人格的本质"[4]。里德尔已经表明,他的羊能够保持的时间——预期惩罚——大约为 15 分钟,他的狗大约能够保持半个小时。但是,一个人能够将几千年以前的过去带到现在,作为资料以引导他现在的行为。他同样不仅能够在意识想象中设想自己在一刻钟以后的未来,而且也可以设想几个星期、几年、几十年以后的未来。这种超越时间的即时界限、根据遥远的过去或将来而有自我意识地看到自己的体验、在这些维度中行动和作出反应、从 1 000 年以前的过去中学习并对长远的将来产生影响的能力,是人类存在的独特特征。

存在治疗者同意柏格森的观点,认为"时间是存在的心境",而且我们的错误在于,主要以适合于广延实体的空间化术语来看待我们自己,就好像我们是像实体那样可以被放在这个场所或那个场所的物体。由于这种曲解,我们失去了与我们自己的真正的、真实的存在关系,而且实际上也失去了我们与周围其他人之间真正的、真实的关系。柏格森说,作为过分强调空间化思维的一个结果,"我们理解自己的时刻就会非常少,因此我们就很少是自由的"[5]。或者说,当我们将时间带进这幅画面时,从亚里士多德的定义这一意义上说,它已经成了西方思维传统中占据支配地位的一个,"因为时间是这样的:算在这场运动之内的事件与或早或晚的事件是相一致的"。

关于这种对"时钟时间"的描述的显著情况是,它真的是一种空间的类推物,而且人们根据一排排的街区或时钟、日历上有规律地排列的点来理解,就可以对它作出最佳的理解。这种关于时间的观点最适合周围世界,在其中,我们将人看作本能驱力作用于其之上的自然世界的各种条件作用和决定性力量的一种实体装置。但是在人际世界,即个人关系与爱的模式中,量的时间与一个事件的重要性之间的关系要弱得多;例如,一个人的爱的性质与程度绝对无法通过这个人认识那个被爱的人的年数来测量。的确,时钟时间与人际世界有非常大的关联:很多人都是按小时出售他们的时间的,而且日常生活都是按日程表来运行的。相反,我们所指的是这些事件的内在意义。萨特所引用的一个德语格言说,"所有的时钟都不是为幸福的人而敲响的"。实际上,一个人的心理存在中最为重要的事件很可能恰恰是那些"即时的"、突破了常见的时间的稳定进展的事件。

自我世界，即关于自我关联、自我觉察以及顿悟一个事件对于个人的自我而言的意义的世界，尤其与亚里士多德的时钟时间没有任何联系。自我觉察与顿悟的本质在于，它们"在那儿"——即刻的、即时的——而且觉察的时刻对于所有时刻来说都是具有重大意义的。通过指出自我在一次顿悟或任何理解自我体验的时刻所发生的事情，人们能够很容易地看到这一点：顿悟是突然发生的，可以说是"完整地诞生的"。而且人们将会发现，尽管对某一个顿悟冥想约一个小时可能会揭示许多关于它的深层含义，但是顿悟在这一个小时结束时并不比刚开始的时候更为清晰——而且让人非常困窘的是，它通常还不如刚开始的时候清晰。

存在治疗者还观察到，最为深切的心理体验是那些特有的动摇个体与时间关系的体验。严重的焦虑和抑郁抹掉了时间，消除了未来。或者正如明可夫斯基所提出的，很可能是患者在与时间相联系中所产生的障碍、他无法"拥有"一个未来，使他产生了焦虑或抑郁。在这两种情况下，患者的困境中最为痛苦的一个方面是，当他将要脱离焦虑或抑郁时，他无法想象时间中一个未来的时刻。我们看到，时间功能的障碍与神经症症状之间存在着一种相似的、密切的相互关系。压抑与意识阻断的其他过程在本质上都是为了确保不会获得过去与现在之间寻常关系的方法。既然对于个体来说，要在他现在的意识中保留他过去的某些方面是非常痛苦的，或者在其他方面是非常具有威胁性的，那么他就必须像在他身体内部带着一个异物一样地带着过去,而不是将过去作为一个属于他自己的东西,它就像是第五个因此而会强迫性地驱使其以神经症症状的形式表现出来的被压缩的柱状物。

不管人们怎么看待它,关于时间的问题对于理解人的存在都具有一种特殊的重要性。读者可能在这一点上会同意我的观点,但又会觉得,如果我们试图以不同于空间范畴的形式来理解时间,那么我们就会面对一种不可思议的状况。他很可能会有与奥古斯丁同样的困惑,奥古斯丁曾写道:"当没有人问我什么是时间时,我知道什么是时间。但是,当有人问我,要我对什么是时间作出解释时,我就不知道了"[6]。

存在分析者对这个问题的一个独特贡献在于,将时间置于心理学画面的中心,而且他们因此而提出,与现在或过去相反,未来对于人类来说是占据支配地位的时间模式。只有当我们在一条朝向其未来的轨道中看待人格时,人格才能得到理解;一个人只有向前投射自己时,才能理解自己。这是根据这一事实作出的一个推论,即人总是在生成,总是在朝着未来不断出现。我们将看到自我的潜能。"一个自我,在每一个时刻,它都存在,"克尔凯郭尔写道,"一直处于生成的过程之中,因为自我……仅仅是它即将成为的东西。"存在主义者所说的并不是"遥远的未来",也不是任何与将未来用作一种对过去或现在的逃避这种做法相关的东西;他们仅仅是想指出,只要人类拥有自我意识,而且没有因为焦虑或神经症刻板而无行为能力，那么他们就会一直处于一个动态的自我实现的过程之中，总是在探索，总是在塑造他们自己，并总是朝着即时的未来前进。

他们并没有忽略过去，但是他们坚持认为，过去只有根据未来才能得到理解。过去是周围世界的领域，是作用在我们身上的偶然的、自然历史的、决定论的力量的领域。但是，既然我们并不是全然生活在周围世界中，那我们就绝不仅仅是过去的自动压力的牺牲品。过去的决定性事件从现在和未来获得了它们的意义。正如弗洛伊德所说，为避免未来发生某件事情，我们感到焦虑。"过去这个词是一种神谕般的表达，"尼采评论说，"只有作为未来的建造者，只有了解现在，你才能理解它。"所有的体验都有一种历史的特征，但是错误在于根据机械的术语来对待过去。过去并不是"过去的现在"，不是孤立的事件的集合体，也不是一个静态的记忆、过去的影响或印象的储藏室。相反，过去是带有偶然性的领域；为了在即时的未来实现我们的潜能、获得满意感和安全感，我们在其中接受事件，从其中选择事件。宾斯万格指出，这个过去的领域、自然历史与"被抛"的领域是经典精神分析具有成功把握的探索和研究的最佳模式。

但是，一旦我们开始考虑精神分析中对一位患者的过去的探索，我们就会发现两个非常奇怪的事实。第一个是每天都能观察到的显而易见的现象，即患者所记得的过去事件与当他还是一个孩子时真实地发生在他身上的事件的量之间，即使有一些必要的联系的话，也是非常少的。在某个特定的年龄，发生在他身上的个别事件被记住了，但是成千上万的事件被忘掉了，而且像早上起床这样最为频繁地发生的事件，在很大的程度上倾向于不会留下任何印象。阿尔弗雷德·阿德勒指出，记忆是一个创造性的过程，我们所记住的是对于我们的"生活风格"来说具有意义的东西，而记忆的整个"形式"也因此是个体生活风格的一种反映。一个个体所寻求成为的样子，决定了他会记住他已经成为什么样子。从这个意义上说，未来决定了过去。

　　第二个事实是这样的：一位患者能否回想起过去有意义的事件，取决于他所作出的关于未来的决定。每一位治疗者都知道，患者可能会随意地提到过去的记忆，但没有任何记忆曾经打动过他们，整个叙述也是单调、微不足道、乏味冗长的。以一种存在的观点看，问题根本就不在于这些患者碰巧忍受了枯竭的过去；相反，在于他们不能或者没有让自己投身于现在和未来。他们的过去没有变得有活力，是因为过去的所有事情在未来对于他们来说都跟他们没有任何关系。某些人作出希望和承诺，费力地改变即时未来的某些东西，去克服焦虑或者其他令人痛苦的症状，或者为了进一步的创造性而整合自我，这在对过去的任何揭露具有现实性之前是必要的。

　　前面关于时间的分析有一个实际的含义，即心理治疗不能依赖于通常关于历史进步的自动学说。存在分析者非常认真严肃地对待历史[7]，但是他们反对任何通过躲到过去的决定论背后而逃避当前即时的、引起焦虑的问题的倾向。他们反对那些认为历史的力量会自动地带着个体一起前进的学说，不管这些学说是表现为宿命论或天命这样的宗教信念、各种决定论的心理学学说，还是表现为诸如我们社会中的历史决定论、对自动技术进步的信念等最为常见的形式。克尔凯郭尔非常强调这一点：

> 无论一代人可能从另一代人身上学到什么，实际上，没有哪一代人可以真正地从其前辈那里学到什么……因此，没有哪一代人从另一代人那里学到如何去爱，没有哪一代人是从其他点上开始而不是从头开始，没有哪一代人比他们前一代的人所被分派的任务更少一些……在这一点上，每一代人都是从原初开始的，他们与所有先前的每一代人所拥有的任务都相同，他们的任务也不会更深入，除非先前的这一代人逃避了属于他们的任务并哄骗他们自己。[8]

这个含义尤其与心理治疗相关，因为大众的心理经常将精神分析与心理治疗的其他形式解释为新的技术权威，它将替他们承担学习如何去爱的负担。显然，任何治疗所做的都是帮助个体除去使他不能去爱的障碍。它不能替他去爱，而且如果它麻木了他自己在这一点上的责任意识，那么它最终会给他带来伤害。

这种关于时间的存在分析的最后一个贡献在于它对顿悟过程的理解。克尔凯郭尔使用了"孕育的瞬间"（Augenblick）这个有趣的术语，其字面含义是"眨眼睛"，通常翻译为"孕育的时刻"。它指的是这样的时刻，即当一个人在当前的时刻突然理解了过去或未来某个重要事件的意义时。它的孕育指的是这样一个事实，即它绝不仅仅是一种智力的行为。这种对新的意义的理解通常表明了某种个人决定的可能性与必要性、格式塔中的某种转变以及这个人朝向世界与未来的某种新的取向。大多数人都将其体验为最高意识的时刻。心理学文献中通常将它说成一种"啊哈"体验。在哲学的层面，保罗·蒂利希将它描述为"永恒碰触了时间"这样的时刻，对于这个时刻，他发展了 Kairos，即"实现的时间"的概念。在宗教和文学中，这个"永恒碰触了时间"的时刻被称为主显日。

注释

[1] Eugene Minkowski, "Findings in a Case of Schizophrenic Depression," in *Existence: A New Dimension in Psychology and Psychiatry*, ed. Rollo May, Ernest Angel, and Henri Ellenberger, New York: Basic Books, 1958, pp.127-139.

[2] 这种关于时间的理解还反映在"过程哲学"中，比如怀特海的过程哲学。而且它与现代物理学有明显的相似之处。

[3] 可与以下说法比较：蒂利希认为，"存在由于它的时间特性而与本质

区别了开来"。还有海德格尔，他谈到了一个人对于他自己在时间中的存在的意识："短暂性是关爱的真正含义"。Paul Tillich, "Existential Philosophy," in: *Journal of the History of Ideas* 5, 1944, pp.61-62.

[4] O. Hobart Mowrer, "Time as a Determinant in Integrative Learning," in *Learning Theory and Personality Dynamics*, New York: Ronald Press, 1950.

[5] Henri Bergson, 摘自 Tillich, p.56。

[6] 海德格尔的《存在与时间》，正如它的书名所表明的，致力于一种关于人的存在中的时间的分析。他的整个主题是"时间对于存在所起的维护作用"。他称世界的三种模式——过去、现在与将来——为"时间的三种入迷"，这是在其"站在外面并超越"的词源学意义上使用"入迷"这个术语的，因为人类的存在特征是这种超越一种既定的时间模式的能力。海德格尔坚持认为，我们对于客观时间的专注，实际上是一种逃避；人们更愿意根据客观的时间、统计学上的时间、定量测量的时间、"平均"的时间等来看待他们自己，因为这样他们可以直接地抓住他们的存在。而且，他还坚持认为，在定量测量中占有合理地位的客观时间，只能在被直接体验（而不是相反）的时间的基础上才能得到理解。

[7] 除存在心理学家和精神病学家外，存在思想家也通常正好由于这一事实而变得突出，即他们都确实认真地对待历史文化情境（对于任何个体而言，这种情境都决定了心理问题与精神问题）。但是他们强调，要了解历史，我们必须在其中有所行动。与之相比，海德格尔认为："从根本上讲，历史的起点不在于'当前'，也不在于仅在今天为'真实的'东西，而在于将来。这种关于什么将成为一种历史的物体的'选择'，是历史学家……作出的真实的、'存在的'选择，历史产生于这种选择。"Martin Heidegger, *Existence and Being*, ed. Werner Brock, South Bend, Ind.: Regnery, 1949, p.110. 治疗中的相似之处

在于，患者从过去当中选择什么，是由他在将来面对什么决定的。

[8] Sören Kierkegaard, *Fear and Trembling*, trans. Walter Lowrie, p.130. 我们从先辈们那里学到的是事实；人们可以像学习乘法表一样通过复述来学习它们，或者在其"冲击"的基础上记住事实或进行体验。克尔凯郭尔根本就没有否认这一点。他很好地意识到了，从一代到下一代，技术领域中会不断出现进展。他所谈论的是"真正属于人的东西"——尤其是爱。

第十一章
超越即时情境

我们将要讨论的人的存在（此在）的最后一个特征是超越即时情境的能力。如果有人试图把人类当作一种物质的混合物来进行研究，那么他就无须处理这个让人烦恼的事实了，即存在总是处于自我超越的过程当中。但是，如果我们想要将某一个特定的个体理解为存在的、动力的，而且在每一个时刻都是生成的，那么我们就不能避开这个维度。这种能力在存在——"支撑住"（to stand out from）这个术语里已经得到陈述。存在包括一种不间断的出现，从突现的进化这个意义上讲，它指的是一种根据未来而对个人的过去和现在所作出的超越。因此，超越（transcendere）——字面意思是"爬过或超过"——描述了每一个人在每一个没有患上严重的疾病也没有由于绝望或焦虑而暂时性地受阻的时刻所从事的事情。我们可以在所有的生命过程中看到这种突现的进化。尼采通过所罗亚斯德（Zarathustra）宣称："这个秘密向我诉说了生命自身，'看哪，'她说，'我就是那种必须一直超越自身的东西。'"但是，从根本上说，人类存在要正确得多。在人类存在中，自我觉察的能力从质上扩大了意识的范围，并因此极大地增强了超越即时情境的可能性。

超越（transcending）这个术语非常容易引起大量的误解，而且实际上经常会引发强烈的对抗。[1] 在这个国家中，这个术语被归为模糊的、缥缈的东西，正如培根（Bacon）所说，这个术语最好是在"诗"中进行论述，"在诗中，超越更可以得到许可"，或者它最好与康德（Kant）的一个先验的假设联系在一起，或者与新英格兰的先验论、宗教中的其他尘世或非经验的、与真实体验没有关联的东西联系在一起。我们所指的是不同于所有这些的某种东西。

而且，我们已经提出，这个词已经失去了其有用性，我们应该找到另一个词。如果能找到另一个可以恰当地描述这种极端重要的即时人类体验的术语，而且戈尔德斯坦及存在主义作家在使用时所指的就是这个术语，那将是很好的，因为任何关于人类的恰当描述都需要将这种体验纳入考虑之中。只要这个词有助于任何特定的主题超出任一它可以在其中得到讨论并因此导致蒙昧主义的即时领域，那么对于这个术语的某种怀疑就显然是合理的。而且，在这样的情况下，通常会给这种所针对的超越的东西一个大写的字母，如自我（Self）或者整体（Wholeness），这显然是用某种神的特性非法地进行的。必须承认的是，这个术语在存在主义文学中的偶然使用产生了一种相似的效果，尤其是当假定了胡塞尔的"超验范畴"而不去解释如何使用时。其他关于这个术语的反对意见不像它那样是可以被证明为合理的,它们可能源自这一事实,即超越当前情境的能力引入了第四个让人烦恼的维度,即一个时间的维度,而且这对于传统的根据静态的物质来描述人类的方式来说是一个严重的威胁。这个术语同样也遭到了那些试图认为动物与人的行为之间没有区别的人,或者那些仅仅根据机械的模式来理解人类心理的人的反对。我们即将要讨论的这种能力在真实的事实中对于那些取向来说确实会存在困难,因为这是人类的特征。

库尔特·戈尔德斯坦经典地描述了这种能力的神经生物学基础。戈尔德斯坦发现,他的那些脑部受伤的患者——主要是前额皮质被枪射掉的士兵——尤其失去了抽象思维的能力、根据"可能"来进行思维的能力。他们被限制在了即时的具体情境中,在其中他们能够发现他们自己。当他们的"小房间"碰巧变得杂乱时,他们就会陷入极度的焦虑之中,他们还会出现异常的行为。他们会表现出强迫性地让东西保持整齐条理的行为——这是一种在每一刻都让自己紧紧地抓住这个具体情境的方式。当要求他们在一张纸上写下他们的名字时,他们通常会紧紧地写在拐角处,任何要离开这张纸的边缘的具体界限的冒险都代表了一种极大的威胁。这就好像是受到自我消亡的威胁,除非他们在每一刻都与即时的情境保持着联系,好像是只有当自我与空间中具体的东西联系在一起时,他们才能够"成为一个自我"。戈尔德斯坦坚持认为,正常人类的独特能力恰恰就是这种抽象的能力、运用符号的能力、调整自己超越特定时间和空间之即时限制的能力、根据"可能"来进行思维的能力。这些受伤的或"生病的"患者，其特征是失去了可能性的范围。他们的世界空间缩小了，他们的时间削减了，而且他们随之彻底失去了自由。

各种各样的行为都可以用来举例说明正常人类超越当前情境的这种能力。一种是超越时间中当前时刻的界限——正如我们在前面的讨论中所指出的——以及将遥远的过去和长远的未来带进个人即时的存在之中的能力。它还表现在人类用符号来思维和谈话的独特能力中。理性与符号的使用植根于那种超脱于特定的物体或身边的声音之外的能力，如表示那些安放我的打字机的桌子的单词"table"，两个音节就可以组成，而且人人都赞同，它代表一整类的物体。

这种能力尤其体现在社会关系中，表现在正常个体与社区的关系之中。实际上，人类关系中整个关于信任与责任心的结构都预先假定了个体"像他人看待他一样来看待自己"的能力，就像罗伯特·伯恩斯（Robert Burns）将他自己与田鼠相比较以提出这个观点一样，将他自己看作一个实现他的同胞的期望、为了他们的幸福而做出行为或不能为了他们的幸福而做出行为的个体。正如我们在戈尔德斯坦的患者身上所看到的，就像这种超越情境的能力在脑部受伤者的周围世界方面会削弱一样，它在心理病理障碍患者身上的人际世界方面也会削弱。这些障碍是那些不具有像他人看待他们那样来看待自己的能力或者没有足够的影响的人的障碍，他们也因此而被说成没有"良心"。相当有意义的是，良心（conscience）这个词在许多语言中，与意识是一样的，两个词都表示"知道"。尼采说："人是一种能够作出承诺的动物。"他所说的这句话，并不是指社会压力或仅仅是社会要求（这些是描述良心的过分简单的方式，是源自将周围世界与自我世界分开来构想而产生的错误）意义上的承诺。相反，他指的是，一个个体能够意识到这一事实，即：自己已经作出允诺，能够将自己看成一个达成协定的人。因此，作出承诺是以有意识的自我关联为先决条件的，它与简单的根据人群、兽群或蜂群的要求来做出行为的条件"社会行为"迥然不同。同样，萨特写道，不诚实是人类特有的行为形式，"说谎是一种超越的行为"。

在这一点上注意到大量用来描述人类行为的术语都含有前缀"re"——负责任的（re-sponsible）、恢复（re-collect）、叙述（re-late）等——是非常重要的。归根到底，所有一切都暗指并依赖于这种"回到"自我之中的能力，就像个体在操纵这种行为一样。这在人类特有的能够"负责任的"（这个词由re和spondere构成，"承诺"）能力中得到了特别清晰的论证，表明这个人能够被依赖、能够承诺归还、能够保证。埃尔温·斯特劳斯将人描述为"质疑的存在"，是能够质疑他自己以及他自己的存在的机体，同时是存在着的。[2]实际上，整个存在取向都植根于这样一种一直让人感到好奇的现象，即我们人之中有一个存在，如果他想要实现自我的话，就不但能够而且必须质疑他自己的存在。在这一点上，我们可以看到，关于社会适应的动力，如"摄入""认同"等的讨论，在省略这一切的中心事实——这个人在当前意识到他是一个对社会期望作出反应的个体，根据一种特定的模式来选择（或不选择）了解他自己的能力——时，就过分简单、不恰当了。这是机械社会一方的顺从与真实社会一方反应的自由、独创性以及创造性之间的区别。后者是根据"可能"来采取行动的人类的独特标志。

自我意识意味着自我超越。如果没有另一个的话，其中一个便没有现实性。对于许多读者来说，这一点将会变得非常明显，即超越即时情境的能力唯一地以自我世界为先决条件——在这种行为模式中，一个人将自己看作主体，同时也将自己看作客体。这种超越情境的能力是自我觉察不可分割的一部分，因为非常明显的是，对自我作为这个世界上的一个存在的纯粹觉察，暗含了这种站到自我与情境之外来看待自我与情境并根据无限多样的可能性来评价及指导自我的能力。这些存在分析者坚持认为，人类超越即时情境的能力在人类体验的正中心是辨别得出的，并且是不能回避或忽略的，从而不会歪曲事实及对这个人作出不真实的、模糊的描述。从我们在心理治疗中所搜集到的资料来看，这一点尤其具有说服力及真实性。所有这些独特的神经症现象，如潜意识与意识的分裂、压抑、意识的受阻、经由症状来进行自我欺骗，任何一个都是人类作为主体,同时也作为客体将他自己与他的世界相联系的基本能力进行误用的"神经症的"形式。正如劳伦斯·克比（Lawrence Kubie）所写的："神经症的过程一直是一个象征性的过程,而且这个分裂为平行但却相互影响的意识流和潜意识流的过程,大约在儿童发展出言语的雏形时就已经开始了……因此,这样说可能是确切的:神经症过程是我们为了我们最为珍贵的人类遗产,即我们通过符号来描述体验并交流我们的想法的能力所付出的代价。"[3] 我们已经试图表明,符号使用的本质是超越即时的、具体的情境的能力。

现在,我们能够理解麦达德·鲍斯以及其他的存在精神病学家、心理学家要使这种超越即时情境的能力成为人类存在的基本特征的原因了。"超越和在世存在是'此在'这种同一结构的名称,而这种同一结构是每一种态度与行为的基础。"[4] 在这种联系中,鲍斯进一步批评了宾斯万格所说的不同种类的"超越"——"爱的超越"以及"关怀的超越"。鲍斯说,这毫无必要地将这一点弄复杂了,而且谈论复数形式的"超越"是毫无意义的。鲍斯坚持认为,我们只能说人之所以具有超越即时情境的能力,是因为他具有烦（sorge）的能力——"烦恼"（care）的能力,或者更为精确地说,是理解他的存在以及为此而承担责任的能力（sorge 这个词来自海德格尔,它是存在思维的基础;在使用它时,通常用 Fürsorge 的形式,其含义是"烦神""对幸福的烦扰"）。在鲍斯看来,烦是一个无所不包的概念,它包括爱、恨、希望,甚至漠不关心。所有态度都是带有烦的或不带有烦的行为方式。从鲍斯所讲的意义上说，人所拥有的烦和超越即时情境的能力是同一件事情的两个方面。

现在，我们需要强调的是，这种超越即时情境的能力不是一种可以与其他官能一起被列出的"官能"（faculty）。相反，它是在人类的本体论特性中给出的。抽象、客观化是其证据。但是，正如海德格尔所指出的，"超越并不是由客观化构成的，但客观化却是以超越为先决条件的"。这就是说，作为一种表现形式，人类能够自我关联这个事实给予了他们这种能够客观化他们的世界、能够用符号来进行思维和谈话等的能力。这就是克尔凯郭尔的观点，当他提醒我们说，要理解自我时，我们必须清楚地看到，"想象不是一种与其他官能等同的官能，但是，如果有人非要这么说的话，那它就是能够起到所有能力作用的官能（instar omnium，对于所有官能而言）。一个人拥有什么样的情感、知识或意志，最终取决于他所拥有的是什么样的想象，这就是说，取决于这些事情是怎样被反映的……想象是所有反映的可能性，而这个中介的强度是自我强度的可能性"[5]。

我们还需要对前文中所暗含的东西作更为具体的阐述——这种超越即时情境的能力是人类自由的基础。人类的特征之一是在任何情境中都具有巨大的可能性范围，而这反过来又取决于他们的自我觉察、他们在想象中用不同的方法在某个既定的情境中作出反应的能力。冯·于克斯屈尔在他关于树林的隐喻中，比较了带有不同目的的生物在同一片树林中所发现的不同的环境：树上的昆虫有一个环境，走在这片树林中的那个浪漫女孩有另外一个环境，前来砍树、将其作为柴火的樵夫又有另外一个环境，前来描绘这片树林的艺术家还有另外一个环境。[6]宾斯万格用这个隐喻来论证人类在许多自我世界的关系中能够进行选择的多种方法。所有这些都取决于我们以想象为基础的超越的可能性——将我们自己的目的放到我们面前的场景之中。人们能够以各种各样的方式在许多自我世界的关系中进行选择。

宾斯万格进一步指出，关于世界的这种自由是心理健康的人的标志；像艾伦·韦斯特那样严格地限制在一个特定的"世界"中，是心理障碍的标志。正如宾斯万格所指出的，重要的是"在设计世界方面的自由"或者"让世界出现"。他观察到，"作为存在的一种必然性的自由的本质被奠定了如此深刻的基础，以至于它无需存在本身"[7]。

注释

[1] 当我的论文在呈递上去之前被一位参加讨论会的人阅读时，这种对抗在我身上得到了论证。我在这篇文章中用了一段话来讨论戈尔德斯坦关于有机体超越它的即时情境这种能力的神经生物学方面的概念，这种论述根本就不会令人产生任何认为我正在说某种非常容易引起争论的东西这样的印象。但是，我在介绍这个主题时使用"超越"这个词，就像是在这位讨论会参加者的面前摇着一面红旗，因为他用红颜色的笔在边上写下了一个大大的"No！！"（还

加上了两个感叹号），而这个词的含义甚至都没有来得及得到讨论。实际上，正是这个词，具有了某种能够引起骚动的特性。

[2] Erwin W. Straus, "Man, a Questioning Being," in: *UIT Tijdschrift voor Philosophie* 17, 1955.

[3] Lawrence Kubie, *Practical and Theoretical Aspects of Psychoanalysis*, New York: International Universities Press, 1950, p.19.

[4] Medard Boss, *Psychoanalyse und Daseinsanalytik*, Bern and Stuttgart: Hans Huber, 1957.

[5] Sören Kierkegaard, *The Sickness unto Death*, trans. Walter Lowrie, New York: Doubleday, 1954, p.163. 引文接下来是："想象是这个无限化过程的反映，因此老费希特（Fichte）相当合理地假定，甚至在与知识的关系中，想象也是范畴的根源。自我是反映，想象也是反映，它是自我的虚假呈现，这是自我所拥有的可能性。"

[6] Ludwig Binswanger, "The Existential Analysis School of Thought," p.197.

[7] 同上，p.308。

第十二章
关于治疗技术

那些将关于存在分析的著作当作技术手册来阅读的人，大多必定会失望。他们不会找到特别完善的实践方法。[1]许多存在分析都不是非常关注技术问题。之所以出现这些精神病学家和心理学家并不如此关注系统阐述技术这种事实，而且他们并不为这一事实而道歉，根本原因在于，存在分析是一种理解人类存在的方式，而不是一种"如何去做"的体系。存在分析的代表人物认为，在西方文化中，理解人类的一个主要的（如果不是唯一一个主要的）障碍恰恰是对技术的过分强调，这种过分强调赞同将人类看作一个可以对其进行计算、操纵、"分析"的客体的倾向。[2]我们西方一直倾向于认为，理解随技术而来，如果我们获得正确的技术，那我们就能看透患者的那个谜，或者，正如因令人惊异的敏锐性而大受欢迎的那句话所说的，我们能够"发现另一个人的本质"。存在取向所坚持认为的恰恰相反——技术随理解而来。治疗者的主要任务和责任是尽力将患者作为一个存在以及作为一个他自己的世界中的存在来理解。所有的技术问题都次要于这种理解。没有这种理解，技术上的熟练充其量是不相关的，在最坏的情况下，它是一种"组织化"神经症的方法。具有了这种理解，就为治疗者能够帮助患者认识与体验他自己的存在奠定了基础，而这是治疗的中心过程。这并不是贬损受过训练的技术；相反，这将它带进了视野之中。

一开始就很清楚，区别存在治疗的不是治疗者将会特别去做的事情，如在遇到焦虑、面对抵触或者获得生活史等方面所做的事情，相反是他治疗的背景（context）。如果以隔离的方式来理解的话，一位存在治疗者对患者所做的一个特定的梦或一次脾气的爆发可能做出的解释，与一位经典的精神分析学家可能会说的也许没有什么不同。但是，存在治疗的背景将是非常不同的。它将一直集中于这些问题，即这个梦是如何使这名特定的患者在他的世界中的存在清楚明白地显示出来的，关于当前他在哪里、他将走向何处这些问题它会怎么解读，等等。这个背景不是被作为一套心理动力或机制范本的患者的，而是作为一个正在选择、正在做事情、正在把自己指向某物的患者的。这个背景是动力的、即时真实的、现存的。

我将试图根据我关于存在治疗者所写著作中的知识，以及根据他们所强调的那些重点，对我这样一位在精神分析的广泛意义上接受其训练的治疗者产生的作用这样一种属于我自己的体验进行总结，描绘出其关于治疗技术的一些含义。要做出一个系统的概要，将是有点自以为是的，而且是不可能实现的，但是，我希望，接下来的这些观点将至少能够暗示一些重要的治疗含义。然而，在每一点上都非常清楚的是，这种取向真正重要的贡献在于，它深化了关于人类存在的理解，而且我们将无处谈论隔离的治疗技术，除非我们在这些章节的前面部分所试图给出的理解在每一点上都是预先假定的。

第一个含义是存在治疗者中技术的变异性。例如，鲍斯使用了传统的弗洛伊德式方法中的"长沙发椅"和自由联想，并允许大量的移情表演。其他技术与这种技术的差异就像不同流派之间的差异那么大。但是，关键的一点是，存在治疗者在任何一位患者身上使用任何一种特定的技术都是有一个明确原因的。他们严厉地质疑仅仅因为是老一套的东西、习俗或传统而使用那些技术。而且，他们的取向还根本不满足于围绕许多治疗流程的模糊不清的、不现实的氛围，尤其是在折中主义的流派中；据说，他们已经使自己摆脱了一种传统技术的束缚并从所有流派中进行选择，就好像这些取向的前提是什么根本就没有关系一样。存在治疗是由于一种现实感与具体性而著名的。

我将明确地对上述观点描述如下：存在技术应该具有可塑性和多面性，患者与患者之间是不同的，而且在对同一位患者的治疗中阶段与阶段之间也是不同的。在某一个特定的点上，将要使用哪一种特定的技术应该根据这些问题来决定：在这个时刻，在他的历史中，什么东西能够最好地揭示这个特定患者的存在？什么东西将能最好地阐明他在这个世界上的存在？绝不要成为完全"折中主义的"，这种可塑性一直包括一种对任何方法的潜在假设的清晰理解。例如，我们可以找一名金赛式的分析者、一名传统的弗洛伊德主义者，以及一名存在分析者来处理一个关于性压抑的案例。那名金赛式的分析者将会根据寻找一个性对象来谈论这个案例，在这种情况下，他不会谈论人类身上的性。那名传统的弗洛伊德主义者将会看到它的心理学含义，但是他将主要寻找过去的原因，并且很可能会问这个性压抑案例中的压抑怎样才能够被克服。而那名存在分析者会将性压抑视为对这个人的存在的潜力的一种抑制；而且尽管他可能会或者可能不会（取决于情境）立即处理这个性问题本身，但是，这种压抑一直都不会被看作压抑本身的一种机制，而是被看作这个人的在世存在的一种局限。

第二个含义是，心理动力总是从这位患者自身的、即时的生活的存在情境中获得其意义的。一些存在心理治疗师，包括梵·邓·伯格、弗兰克尔（Frankl）、鲍斯等的著作，尤其是 R. J. 莱因（R. J.Laing）的著作，都是与此相关的。一些人坚持认为，弗洛伊德的实践是正确的，但是他用来解释他的实践的理论却是错误的。有一些人在技术方面是弗洛伊德主义者，却将这些传统精神分析的理论与概念放在了根本的存在基础之上。以移情为例，这是一项许多人都非常重视的发现。其中真正所发生的事情，并不是这位神经症患者将他对母亲或父亲的感情"转移"到了妻子或治疗者身上。相反，这位神经症患者是这样的一个人：他在某些特定的领域从来就没有发展超出婴儿的体验特征这种有限的、受到限制的形式。因此，在后来的年月中，他会像感知父亲或母亲那样，通过这种同样受到限制的、歪曲的"场景"来感知妻子或治疗者。我们将根据知觉以及与世界的关联来理解这个问题。这使得这些关于可分开的情感从一个物体转移到另一个物体之上的移情概念变得毫无必要。这个概念的新基础使得精神分析摆脱了一些不能解决问题的负担。

又如大家都知道的压抑和抵制这些行为方式。弗洛伊德将压抑看作与资产阶级道德联系在一起——尤其是当患者需要保存一幅关于他自己的可接受的画面，并因此会抑制一些不被资产阶级道德规范所接受的想法、欲望等时。存在分析者将冲突看作在患者接受或拒绝他自己的潜能这个领域中更为根本的东西。我们需要将这个问题铭记在心：是什么阻止患者自由地接受他的潜能？这可能会涉及资产阶级道德，但是它还涉及许多更多的东西：它会直接地引出关于这个人的自由的存在问题。在压抑变为可能或可以想象之前，这个人必须具有某种接受或拒绝的可能性——某种自由的边缘。这个人是否意识到了这种自由或者是否能够明确地表达出来，这是另外一个问题；他根本没有必要那样做。压抑恰恰就是使个人的自我意识不得自由。这就是动力的本质。因此，压抑或否认这种自由就已经将它预先假定成了一种可能性。我们想要强调的是，心理决定论一直是一种次要的现象，它只在一个有限的领域中起作用。首要的问题是，这个人是怎样首先与他表现潜能的自由联系在一起的，压抑是怎样成为一种如此相关的方法的。

关于抵制，我们要问的问题是，是什么使得这样一种现象成为可能？有人会回答说，这是患者想要融入人际世界，想要回到毫无个性特征的大众之中，想要放弃这种特定的、属于他自己的、独特的、创新的潜能倾向的一种圆满完成。因此，"社会顺从"是生活中一种普遍的抵制形式，甚至患者对治疗者的学说与解释的接受本身也可能是抵制的一种表现形式。

在这里，我们不希望深入探讨这些现象的基础是什么这样的问题。我们仅仅是想论证，在考虑移情、抵制以及压抑这些动力的每一点上，这些治疗者为存在取向做了一些非常重要的事情。他们是在一种认识论的基础上来看待每一个动力的。他们根据患者作为一个人的存在来看待和理解每一种行为方式。这也表现在治疗者总是根据存在的潜能来构想驱力、力比多等。因此，鲍斯试图"将旧时精神分析理论这种令人痛苦的智力杂技从船上抛入水中，这些智力杂技试图从现象背后的一些力或驱力的相互作用中衍生出这些现象"。他并不否认这些力本身，但是他坚持认为，我们不能将它们理解为"能量的转换"，或者按照任何一种其他这样的自然科学模式来理解它们，而只能将它们理解为这个人的存在的潜能。"从不必要的建构中解脱出来这种做法，促进了患者与治疗者之间的理解。而且它也使虚假的抵制消失了，这些虚假的抵制是精神分析对象对抗他们的存在所进行的侵犯的一种合理防御。"鲍斯坚持认为，他因此能够遵循分析中的"基本规则"——这项基本原则是弗洛伊德为分析所设定的一个条件，即患者要完全诚实地说出他内心所发生的一切——这比传统精神分析更为有效，因为他是带着尊重去倾听，认真地对待，并对患者所传达信息中的内容毫无保留，而不是通过偏见或者用特殊的解释来破坏它以对它进行筛分的。鲍斯坚持认为，他仅仅是在将弗洛伊德的发现的潜在意义明白地表示出来，并将它们置于必要的综合基础之上。由于认为弗洛伊德的这些发现必须在它们错误的阐述之下进行理解，鲍斯指出，弗洛伊德自己也并不仅仅像传统精神分析中所强烈要求的那样在分析中是患者的一面被动的"镜子"，而是"半透明的"，是患者看到他自己的一种工具和中介。

存在治疗中的第三个含义是对在场（presence）的强调。我们用这个词所指的是，治疗者与患者之间的关系被看作一种真实的关系，治疗者不是一个模糊的反映物，而是一个活生生的人，在那个时刻他碰巧关注的不是他自己的问题，而是尽可能地关注于理解和体验患者的存在。我们前文中关于关系中的真理的基本存在观点的讨论，已经为这种对在场的强调铺设了道路。在那里我们已经指出，从存在的方面讲，真理总是包括人与某物或某人的关系，而且治疗者是患者关系"场"的一部分。我们还指出，这不仅仅是治疗者理解患者的最佳途径，而且如果他不参与到这个"场"中，他就无法真正地看到这位患者。

有一些引文可以使这个"在场"所表明的含义更为清晰。卡尔·雅斯贝尔斯说过:"我们错过的是什么啊!在一个决定性的时刻,我们具有所有的知识,却因为缺少这样一种简单的完全的人在场的德行,我们忽略了什么样的理解的机会啊!"[3]宾斯万格以一种相似的风格,但却详细得多地在他关于心理治疗的论文中写下了关于治疗者的关系角色的重要性:

> 如果这样一种(精神分析的)治疗方法失败了,那么分析者就会倾向于假定,这位患者不能克服他对治疗者(例如,作为一个"父亲的意象")的抵触。然而,一项分析是否能够取得成功,并不是由一位患者是否完全能够克服这样一种迁移的父亲意象所决定的,而是由这位特定的治疗者让他这么做的机会所决定的;换句话说,可能是治疗者对于他作为一个人的否认、不具有这种进入一种真正的与他之间的沟通关系的可能性导致了这种障碍,使他不能突破这种对父亲抵触的"永恒的"重复。由于陷入"机制",因此也陷入其中所固有的东西,即机械重复之中。正如我们所知道的,精神分析学说对于随处可见的心理生活中新出现的、非常具有创造性的整个范畴,却非常奇怪地完全视而不见。当然,如果人们将治疗的失败仅仅归因于患者的话,这些事实便不

会总是正确的；治疗者首先一直要问的问题是，错误是否可能是他所犯的。我们这里所指的并不是任何技术性的错误，而是重要得多的错误，这种错误导致了无力唤醒或重新燃起患者身上神圣的"火花"，这种"火花"是只有在存在之间的真正沟通中才能产生的，而且它用它的光亮和温暖——仅仅是它本身就具有非常重要的能够使任何治疗产生效果的力量——将一个人从盲目的隔绝，即赫拉克利特的 idios kosmos 中释放出来，从他的身体、他的梦、他的个人愿望、他的幻想以及他的设想中那种纯粹单调呆板的生活中释放出来，并使他为一种真正的联合到一起的共同体的生活作好准备。[4]

在场并不会与对待患者的感情用事的态度相混淆，相反，它坚定并一致地依赖于这位治疗者构想人类的方式。这在不同流派和具有不同信念的治疗者当中都得以发现——在所有方面都有所不同，除了一个主要的问题：他们关于人类是一种能够被分析的物体，还是一种能够被理解的存在这个假设。不管一位治疗者接受的技术训练和他关于移情与动力的理解如何，只要他还能够像宾斯万格所说的以"一个存在与另一个存在相沟通"那样的方式与患者相联系，那么这位治疗者就是存在主义的。在我自己的体验中，弗雷达·弗洛姆－理查曼在特定的一个小时的治疗时间中尤其具有这种力量；她过去经常说："患者需要的是一种体验，而不是一种解释。"再举另外一个例子，埃里希·弗洛姆不仅以一种与前文中提到的雅斯贝尔斯的论述相似的方式强调在场，还使其成为他在精神分析教学工作中的一个中心点。

卡尔·罗杰斯是一个例证。据我所知，他从来都没有与存在治疗者本身发生任何直接的联系，在他作为一位治疗者而写的《生命之歌》(apologia pro vita sua)中，却留下了一份具有很强存在性质的文献：

> 我让自己投入这种治疗关系中，这种治疗关系有一个假设或信念，即我的喜好、我的信任以及我对另一个人的内心世界的理解，都将导致一个意义重大的生成过程。我不是作为一位科学家、不是作为能够确切地诊断和治愈的治疗者进入这种关系的，而是作为一个人进入一种个人的关系之中。在我将他仅仅看作一个客体的范围内，患者也将倾向于仅仅成为一个客体。
>
> 我让自己冒着风险，因为如果随着关系的深化，所发展出来的是一种失败、一种倒退的话，患者就会遗弃我以及这种关系，那么我就会感觉到，我将会失去自我或者是自我的一部分。有时候，这种风险是非常真实的，而且是能够被非常强烈地体验到的。
>
> 我让自己进入这种关系的即时性当中。在这种即时性中，

接管这种关系并对这种关系感到敏感的是我整个的有机体，而不仅仅是我的意识。我并不是有意识地以一种平面的、分析的方式，而是仅仅以一种不加反省的方式对另一个个体作出反应。我的反应是（但不是有意识地）基于我整个有机体对这个人的敏感性。我是在这个基础之上经历这种关系的。[5]

罗杰斯与存在治疗者之间确实存在区别。如果说，这一事实，即他的大多数研究是以相对短期的治疗关系为基础的，那么我们这本书中的存在治疗者的研究通常是长期的。罗杰斯的观点有时是天真的乐观主义的，而存在主义的取向更多地面向悲剧性的生活危机，如此等等。然而，重要的是罗杰斯的基本观念，即治疗是一个"生成的过程"，个体的自由和内在成长是应该去加以考虑的，以及遍及罗杰斯关于人类尊严的研究中的含蓄假设。这些概念都是与关于人类的存在主义取向非常接近的。

在离开在场这个主题之前，我们需要作出三个防止误解的说明。其中一个是，这种对关系的强调绝不是一种过分简单化或抄近路的做法；它不是训练的规制或精确性的一种替代物。相反，它将这些东西放在其背景之中——训练的规制或精确性指向将人作为人的理解。这位治疗者被设想为一位专家。但是，如果他首先不是一个人，那么他的专长将会是不适用的，而且可能是有害的。存在主义取向的独有特征在于，对于成为人的理解不再仅仅是一种

"天赋"、一种直觉或者是凭运气得到的某种东西。用亚历山大主教（Alexander Pope）的话说，这是"恰当的关于人的研究"，而且在广泛的意义上成为一种精确的、科学的关注中心。存在分析者针对人类存在的结构所做的事情，与弗洛伊德针对潜意识结构所做的事情是一样的——他们将其从具有特别直觉的个体那种碰巧的天赋中抽取出来，将其接受为探究与理解的领域，并使其在某种程度上成为可以教授的。

另一个防止误解的说明是，如果正确地去理解的话，对当前现实的强调并不排除弗洛伊德的移情概念中那些非常重要的真理。这在一个星期的每一天中都是可以被证明的，患者（在某种程度上也可以说我们所有人）对治疗者、丈夫或妻子的行为方式就好像他们是父亲、母亲或其他某个人一样，而对这一点的克服具有非常关键的重要性。但是，在存在治疗中，"移情"被置于一个发生在两个人之间的一种真实的关系之中的事件的新背景之下。在与治疗者面对面的这一既定时刻，患者所做的每一件事情几乎都具有一种移情的元素在里面。但是，如果像解释一个算术问题那样对患者作出解释，那么所有的一切都不是"恰当的移情"。"移情"这个概念本身经常被用作一个便利的保护屏，治疗者和患者都躲在这个保护屏的后面，以避免直接面对所带来的引起更多焦虑的情境。例如，当我非常疲劳时，我会告诉自己，这位患者之所以要求这么多，是因为她想要证明她能够使得她的父亲爱她，这可能是一种宽慰，也可能事实上是正确的。但是,真实的一点是,她在这个既定的时刻正在对我做着这些事情,而且它们发生在她的存在与我的存在出现交叉这个时刻的原因,并不会由于她对她父亲所做的事情而得到详尽无遗的阐述。除了所有潜意识决定论的考虑外——这在他们的部分背景下是正确的——她在某种程度上是在这个特定的时刻选择这么做的。而且,唯一能吸引患者,并且从长远来看能够使她有可能作出改变的事情是,充分地、深刻地体验到她正是在这个真实的时刻对一个真实的人即"我自己"做这件事情的。[6] 治疗中定时感(sense of timing)的一部分已经在存在治疗者当中得到了特别发展,包括让患者体验他或她正在做的事情,直到这种体验能够真正地吸引他或她。[7] 然后,也只有在这之后,一种关于为什么的解释才是有帮助的。因为,要使前面提到的那位患者能够意识到她在这个既定的时刻正在要求从这个真实的个体身上得到这种特定的无条件的爱,可能真的会使她感到震惊,而且在那之后——或者可能仅仅是几个小时之后——她就会意识到儿童早期的经历。然后,她就可能会探究并重新体验当她还是一个小孩时,由于不能使父亲注意到她而怎样感到怒火中烧的。但是,如果仅仅告诉她这是一种移情现象,那么她可能就会学到一个有趣的智力事实,而这个事实根本就不能在存在方面吸引她。

还有一个防止误解的说明是,在某一个治疗阶段中的在场根本就不意味着这位治疗者要将他自己或者他的观念、情感强加到患者身上。这是对于我们观点的一个非常有趣的证明,即在前面的引文中为我们提供了一幅非常鲜明的关于在场的画面的罗杰斯,恰恰是一位心理学家,他坚持认为,治疗者不是投射他自己,而是在每一点上都追随着患者的情感和引导。在关系中保持活力,一点都不意味着治疗者要喋喋不休地与患者说个不停。他会知道,患者有无数的方法试图与治疗者纠缠在一起,以逃避他们自己的问题。而治疗者很可能是沉默的,他意识到,成为一个投射屏是他在关系中的角色的一个方面。治疗者是苏格拉底所称的"助产士"——完全真实地"在那里",但却是带着一个想要帮助另一个人从他自身当中生产出某种东西这个特定的目的在那里的。

存在分析中的技术的第四个含义紧随我们关于在场的讨论而来:治疗将试图"分析出"破坏在场的行为方式。治疗者本身将需要意识到他自己身上所有阻碍充分的在场的东西。我不知道弗洛伊德说这句话的背景,他说他更喜欢患者躺在长沙发椅上,因为他无法忍受一天被人盯着9个小时。但是,这显然是正确的,任何治疗者——他的任务充其量是艰巨的、繁重的——在许多时刻都被诱惑着想通过各种各样的手段来逃避面对治疗所产生的焦虑和潜在的不舒适。我们在前面就已经描述过这一事实,即两个人之间真正的面对可能会产生极度的焦虑。因此,通过将另一个人仅仅看作一位"患者",或者是将注意力仅仅集中于行为的一些机制上来保护自己,会感觉舒服得多,对此我们并不感到奇怪。这种关于另一个人的技术性的观点，可能是治疗者用以减少焦虑的最佳途径。这种说法有其合理的地位。治疗者可能是一位专家。但是，技术绝不应该被用作一种阻止在场的方法。无论治疗者在任何时候发现他自己正以一种僵化的、预先制定好的方式作出反应，他显然都最好问问他自己，他是否在努力地避免某种焦虑，并因此而正在失去关系中从存在的方面看是真实的东西。治疗者的情境就像是一位花了许多年时间进行有规律的学习以掌握技术的艺术家的情境一样。但是，他知道，如果在实际的绘画过程中，他全神贯注于关于技术的具体想法的话，那他在那个时刻就会失去他的想象力。这个他应该全神贯注于其中的、超越了主观－客观分裂的创造性过程，已经暂时性地被破坏了；他现在应对的是物体，而他自己是这些物体的一个控制器。

第五个含义与治疗过程的目标有关系。治疗的目标是，患者体验到他的存在是真实的，目的是使他能够尽可能充分地意识到他的存在，包括意识到他的潜能，并能够在其基础上行动。正如存在分析者所说的，神经症患者的特征是他的存在已经变得"黯淡"、模糊不清，很容易受到威胁和毁损，并且不给予他的行为任何许可。治疗的任务是阐明存在。神经症患者对于周围世界担忧过多，而对自我世界却担忧不足。随着在治疗中自我世界对他来说变为真实的，患者倾向于将治疗者的自我世界体验为比他自己的更为强大。宾斯万格指出，必须防止这种接受治疗者的自我世界的倾向，而且治疗绝不应成为两个自我世界之间的力量斗争。治疗者的功能是在那里（具有此在的全部内涵），存在于关系之中，而患者要找到并学会在他自己的自我世界之外生活。

我自己的一种经验也许可以用来论证一种从存在的方面看待患者的方式。当患者走进来坐下来时，我经常发现自己有想问"你在哪里"而不是"你好吗"的冲动。这些问题之间的对照——实际上，对于这两个问题，我可能都不会大声地问出来——突出了我们所要探索的东西。正如我在这一个小时的时间里对患者的体验一样，我想要知道的不仅仅是他的感觉怎样，还有他在哪里，这个"在哪里"包括他的感觉，但是还包括许多更多的东西——无论他是分离的还是完全地在场，无论他的方向是指向我、指向他自己的问题还是没有指向这两者，无论他是否在逃避焦虑，无论是他走进来时特别表现出来的谦恭还是他急切地想要揭露事情的表象。实际上，他是想要我忽略他将要作出的某种逃避——在他昨天谈论到的与女朋友的关系之中，如此等等。在我明确地知道存在治疗者的工作之前，我已经意识到了这种对于患者在哪里的询问。这证明了一种自然的存在主义态度。

因此，当像在任何其他治疗中那样对存在治疗中的机制或动力进行阐释时，它将一直处于这样的背景下，即这个人正在意识到他的存在。对于患者而言，这是动力将具有现实性并将影响他的唯一方式。要不然的话，他很可能——就像现在大多数患者实际上所做的一样——会到一本书上去阅读关于机制的内容。这一点尤其重要，因为许多患者都有的这个问题正是他们自己思考和谈论的。这是他们作为20世纪西方文化中受到良好教育的市民逃避他们自己的存在的方式，是他们压抑本体论意识的方法。诚然，这是在对于自我要保持"客观"这一标题之下完成的。但是，难道在治疗以及生活中这通常不是一种系统的、文化上公认的合理化与自我之分离的方式吗？甚至前来寻求治疗的动机也可能仅仅是这个——找到一个可以接受的、他据此能够继续将自己看作一种机制的系统，这样他就可以像驾驶一辆机动车那样操控自己，也只有在这个时候他才可以成功地做到这一点。正如我们有理由这么做一样，如果我们假定在我们这个时代基本的神经症过程是本体论感觉的压抑——存在感的丧失，以及意识的缩短和作为这种存在的表现形式的潜能的封闭——那么从我们教给他新的方式来让他将自己看作一种机制的意义上说，我们就是在直接地助长患者的神经症。组织化神经症而不是治愈它，这是心理治疗能够以什么样的方式来反映文化分裂的一种例证。试图仅仅通过将其解释为一种机制来帮助患者解决某一性问题，就好像是教一个农民灌溉，但却筑坝拦住他的水流。

这引出了一些深刻的关于心理治疗中"治愈"（cure）的本质的问题。它含有这样的意思，即"治愈"患者的神经症症状不是治疗者的功能，尽管这是大多数人前来寻求治疗的动机。实际上，这是他们的动机这个事实就反映了他们的问题。治疗关注于某种更为基本的东西——帮助这个人体验到他的存在，以及任何最终都必将是其副产品的症状的治愈。这种关于"治愈"的普遍观点，即尽可能令人满意地得到调整，本身就是一种对此在的否定，是一种对这位特定患者的存在的否定。这种由调整构成的、能够适应文化的治愈，能够通过治疗中的技术性强调获得，因为它正是这种人们以一种有计划的、受控的、在技术上操控得很好的方式生活于其中的文化的主题。然后，这位患者就会毫无冲突地接受一个有限的世界，因为现在他的世界与这种文化是等同的。而既然焦虑只会随自由而来，那么这位患者自然就能克服他的焦虑；他的症状得到了解除，是因为他放弃了导致他感到焦虑的可能性。这是一种通过放弃本质、放弃存在，通过压缩存在、设障碍于存在而被"治愈"的方式。从这一方面看，心理治疗师成了这种文化的代言人，他的特定任务是让人们适应这种文化；心理治疗成了这个时期的分裂的一种表现形式，而不是一项为了战胜这种分裂而进行的事业。正如我们在前文已经指出的，有清楚的历史迹象表明，这种现象正出现在不同的心理治疗流派中，而且历史的趋势是它将会有所增加。这里显然存在一个问题：这种通过放弃个人的存在而解除冲突的做法，在多大的程度上能够继续进行下去而不会在个体和群体身上产生一种到后来将会爆发并导致自我毁灭的被淹没的绝望以及愤恨？历史一次又一次地表明，人类对自由的需要早晚将会显露出来。但是，我们即时的历史情境中这个复杂的因素是，文化本身是围绕这个技术调整的理想而建立的，它拥有如此众多的内在装置来麻醉这种由于将自己当作一台机器来使用而感到的绝望，以至于这种迫害性的影响可能会在一段时间内不会表现出来。

另外，我们还可以给予治愈这个术语一种更深刻的、更真实的含义——导向个人存在的实现。我们有充分的理由可以将症状的治愈作为一个副产品包括于其中——显然这是一种迫切需要的东西，即使我们曾明确地提出这并不是治疗的主要目标。重要的事情是，这个人要发现他的存在——他的此在。

区别存在治疗过程的第六个含义是明确承诺（commitment）的重要性。我们在前面章节的许多地方都为这一点打下了基础，尤其是我们关于克尔凯郭尔的观点，即关于"只有当个体自己在行动中创造真理的时候，真理才会存在"的讨论。承诺的重要性不在于它仅仅是一种含糊意义上的好东西，而在于它更是在伦理学意义上应该被建议去做的。它是认识真理的一个必要前提。这里涉及关键的一点，就我的知识而言，这一点是关于心理治疗的著作中至今都没有充分考虑过的——决定先于知识。正常情况下，我们一直是根据这一假设来进行研究的，即随着患者获得越来越多关于他自己的知识和洞见，他就越来越能作出恰当的决定。这只是半个真理。这个真理的另一半通常被忽略了——直到他准备好了作决定，直到他选择了一个明确的生活方向，并已经沿着这个方向作出了初步的决定，患者才会允许他自己获得洞见或知识。

在这里，我们并不是在最高跳跃的意义上来说"决定"（decision）的——与一个外来的军团密切结合或者加入这个外来的军团。做出这些"跳跃"的可能性和准备，对于明确的定向来说是一个必要的条件，但是一个大的跳跃本身只有在其是以那些沿着这个方向的微小的决定为基础时才是合理的。否则的话，这个突然的决定就是潜意识过程的产物，在不知不觉中强迫性地继续进行下去，直到在某一点上爆发——例如，在一次"转化"（conversion）中。我们用决定这一术语来表明一种对于存在的明确态度、一种承诺的态度。在这个方面，知识和洞见随决定而来，而不是相反。每个人都知道有这样的事件，即一位患者梦见某位特定的老板正在剥削他，于是第二天他就决定辞去他的工作。但是，尽管这样的事件由于违背了我们平常关于因果关系的观点而通常不被考虑，但它们同样具有重大的意义，即可能是患者作出了这项决定后才做了这个梦。例如，他突然辞去了工作，然后他才能够允许自己在梦中看到他的老板过去一直在剥削他。

当我们提到一位患者只有在他准备好了作出一项关于未来的决定，他才能回想起在他的过去非常重要和有意义的事情时，我们可以看到关于这一点的一个有趣的推论。记忆的工作不是以简单地印刻在那里的东西为基础的，它的工作是以个人在现在和将来的决定为基础的。人们经常会说，一个人的过去决定他的现在和将来。让我们来强调一下，一个人的现在和将来——在当前，他是怎样致力于存在的——也决定了他的过去。也就是说，这决定了他能够回想起过去的什么东西，他选择（有意识地，也是潜意识地）过去的哪些部分来影响现在的他，因此决定他的过去将呈现的特定的格式塔。

而且，这种承诺不是一种纯粹意识的或唯意志论的现象。它还存在于所谓的"潜意识的"水平之上。例如，当一个人缺乏承诺时，他的梦就可能是固定的、单调的、枯竭了的。但是，当他确实选择了一个明确的方向来引导他自己和他的生活时，他的梦通常就会呈现探究、塑造、形成关于他的未来的自我这些创造性的过程，或者是——从神经症的观点来看是与其相同的东西——梦努力逃避、替换、掩盖的东西。重要的一点是，不管是这两种方式中的哪一种，这个问题都参与其中了。

关于帮助患者形成承诺的方向，我们首先应该强调，存在治疗者根本就不意味着能动性。不管是多么不成熟的跳跃，都不存在"作为一种捷径的决定"，因为与缓慢的、艰巨的、长时间的自我探究过程相比，行动可能会更容易一些，而且可能会更快地减轻焦虑。相反，它们是指这种此在的态度，这种认真地对待他自己的存在的自我意识。关于承诺和决定的观点是这样的，在这些观点中，主观与客观之间的两分法被克服，成了一种为行动而作准备的统一体。当一位患者理智地随意讨论一个特定的主题，但这个主题不曾震动过他，对他来说也不真实时，这位治疗者就会问，根据这种谈话，从存在方面讲，他正在做什么。这种谈话本身很可能有助于掩盖现实，使其通常在毫无偏见地对资料进行探究这种观念之下得到合理化。从惯例上说，当某种焦虑的体验、某种内在的痛苦或外在的威胁使这位患者受到震动，使他真正地致力于想获得帮助，并且为他提供揭露错觉、内在变化和成长这个痛苦的过程所需的诱因时，他将会突破这种谈话。真的，这个的确会不时地发生。而存在治疗者能够通过帮助该患者发展这种沉默的能力（这是沟通的另一种形式）来帮助该患者吸收这些体验的真实含义，并因此避免使用喋喋不休的谈话来消除这种具有洞见的会心的惊人力量。

但是，原则上，我认为这个结论——我们必须呆呆地等着，直到焦虑被唤醒——是不恰当的。如果我们认为患者的承诺依赖于受到外在或内在痛苦的推动的话，那么我们就会处于几个相当难办的两难情境之中。要么治疗"停滞不前"，直到焦虑或痛苦产生；要么我们自己唤起焦虑（这是一个可疑的过程）。而正是患者在治疗中所得到的再三保证和焦虑的减轻，可能会反作用于他关于进一步帮助的承诺，并且可能会导致治疗延期和拖延。

承诺必须基于一个更为积极的基础。我们需要问的一个问题是：患者在他自己的存在中的某一点上至今还没有发现的、他能够将自己无条件地献身于其中的东西，将会发生什么样的情况？在前面关于非存在和死亡的讨论中，我们已经指出，如果让自己认识到这一事实的话，那么每个人都会经常面对非存在的威胁。这里主要指的是死亡的象征，但是这样一种毁灭存在的威胁同样也存在于其他无数的情形之中。如果治疗者剥夺患者关于这一点的认识，即患者放弃或失去他的存在完全是在可能性的范围之内的，而且有充分的理由可以认为这正是他在当前这个时刻所做的事情，那么治疗者就是在危害患者。这一点之所以尤其重要，是因为患者倾向于怀有一种从来都没有清楚表达出来的信念，这种信念无疑与他儿童时期那些与父母亲相关联的全能的信念是联系在一起的，这样，由于某种原因，治疗者将看不到在患者身上有任何有害的事情发生，因此患者没有必要认真地对待他自己的存在。这种倾向盛行于很多治疗中，以冲淡焦虑、绝望以及生活中的悲剧性方面。这作为一条一般性原则难道不是正确的吗，即只有在我们已经冲淡了焦虑的情况下才有必要产生焦虑？生命本身就引起了足够的，而且也是唯一真实的危机；而且它在非常大的程度上符合了治疗中对存在的强调，即它直接地面对这些悲剧性的现实。如果患者这样选择的话，那他就真的能够摧毁他自己。治疗者也许不会这么说：这仅仅是事实的一种反映，而重要的一点是他不应该被轻视。自杀作为一种可能性的象征具有一种深远的积极价值。尼采曾经评论说，这种自杀的想法已经挽救了许多条生命。我怀疑任何人是否会完全认真地对待自己的生命，直到他认识到自杀完全在他自己的能力范围之内。[8]

以任何形式出现的死亡都是这种使得当前的时间成为某种具有绝对价值的东西的事实。有个学生说："我只知道两件事情——一是我将来某一天会死，二是我现在没有死。唯一的问题是在这两点之间我应该做些什么。"我们不能更为详细地探讨这个问题，但我们仅仅是希望强调，这种存在取向的核心是认真地对待存在。

我们用最后两点防止误解的说明来作出总结。其中一点是一种存在于存在取向之中的危险，即普遍性的危险。如果那些存在的概念在治疗者之间摇摆不定而不考虑它们具体的、真实的含义，那么这将真的是一个遗憾，因为必须承认的是，存在着迷失在存在分析所涉及的这些复杂的领域的字词之中的诱惑。就像一个人能够在技术上被分离一样，他当然也能在哲学方面以同样的方式被分离。既然这些概念可以更具诱惑力地给予这种关于研究现实的错觉，那么这种为了理智化的倾向而使用那些存在主义概念的诱惑就尤其应当被预防，因为它们所指的是与个人现实的中心相关的事情。一些读者可能会觉得：我并没有完全地抵制这种诱惑，我可以为这种必须在一个简短的范围之内作出如此之多的解释的必要性进行辩护。但是，可使罪行减轻的情况并不是要点。要点在于，从心理治疗中的存在运动已经在这个国家变得很有影响这一点上说——这是一种我们相信将会非常有益而且是我们迫切需要的东西——追随者必须警惕为了智力的分离而使用概念。正是由于上述的原因，存在治疗者非常注意弄清楚患者的言语表达，而且他们也尽量保证言语与行为之间必要的相互关系绝不会被忽视。"标识语必须搞得人性一点。"重要的事情是成为存在。

另一点防止误解的说明与对潜意识的存在主义态度有关。原则上，大多数存在分析者都否认这个概念。他们指出了所有关于无意识学说的逻辑上的以及心理学上的困难，而且他们还反对将存在分裂成不同的部分。他们坚持认为，被称作潜意识的东西仍然是这个特定个体的一部分；从任何生命的意义上来说，存在都不可分割地位于其核心。

现在必须承认的是，潜意识学说已经非常明确地对当代的合理化行为、回避个人自己的存在的现实，以及一个人好像不是他自己在活着那样做出行为（街上那个已经理解了这句行话的人说："是我的潜意识让我这么做的。"）等倾向产生了影响。在我看来，存在分析者的批评是正确的，他们将潜意识学说批评为一种实用主义的空白支票，任何随意的解释都可以写在上面，或者说它是一个储藏器，任何决定论的理论都能够从中得出。但这是关于潜意识的"地下室"观点，而且对其的异议都不应该被允许用来抵消潜意识对弗洛伊德的术语所产生的历史意义这个伟大的贡献。弗洛伊德的伟大发现和他永久的贡献在于他扩展了人格的领域，使其超出了维多利亚时期人的即时的唯意志论和理性主义，在这个扩展了的领域中纳入了"深蕴"——非理性的，所谓的被压抑的、敌意的、不被接受的冲动以及体验中被遗忘的方面，等等。这个巨大的、不断扩大的人格领域的象征就是"潜意识"。

我并不希望进入关于潜意识本身这个概念的复杂讨论之中。我仅仅是希望表明一种立场。这个概念的空白支票式的、地下室式的形式应该被抵制，这是对的。但是，人格的这种深远的扩展不应该被丢失，它才是潜意识这个概念的真实意义。宾斯万格评论说，眼下，存在治疗者将无法免除潜意识这个概念。但是，我认为，存在是不可分割的，潜意识是任何特定存在的一部分，关于潜意识的地下室理论在逻辑上是错误的，在实践上是非建设性的，但是这个发现的意义——存在的根本的扩展——是我们这个时代的伟大贡献之一，必须得以保持。

注释

[1] 关于这一点的一个主要例外是欧文·雅洛姆（Irvin Yalom）的优秀著作《存在主义心理治疗》(*Existential Psychotherapy*, New York: Basic Books, 1980)，该书重点论述了技术。但是，读者在这本书中将不会发现关于在某某案例中应该怎么做这样的刻板指导，相反，读者会发现一种关于一位治疗者在不同的情境中要做的不同事情，或者是有可能去做的不同事情的讨论。

[2] "分析"这个术语本身就反映了这个问题。当患者断言，这种观念是他们成为"作用在其之上的"客体时，他们就可能不仅仅使用一种语义上的困难来作为表达抵制的方式。这个术语被遗留下来成为存在分析的术语，部分由于自精神分析出现它就已经成了进行深度心理治疗的标准，部分还由于存在思维本身（遵循海德格尔的）是一种"对于现实的分析"。这个术语是对我们整体文化的一种反映，这种整体文化在最近一篇关于现代西方思维调查的文章标题中被称为"分析的时代"。尽管我并不是十分喜欢这个术语，但是我一直在用"存在分析者"这个身份，因为要说"现象学的、存在的精神病学家和心理

学家",显得太冗长了。

[3] 摘自 Ulrich Sonnemann in *Existence and Therapy*, New York: Grune & Stratton, 1954, p.343。我们可以补充说,索恩曼(Sonnemann)的著作是第一本用英语来写的直接论述存在理论的书,而且包含了有用的、相关的材料。因此,这部著作是以一种不能交流的风格来写的,就是一件更为不幸的事情了。

[4] 摘自 Sonnemann, p.255。

[5] C. R. Rogers, "Persons or Science? A Philosophical Question," in: *American Psychologist* 10, 1955, pp.267-278.

[6] 这是现象论者一致提出的观点——充分地认识我们在做什么、感受它,并在我们的整个存在中体验它,比知道为什么更为重要。他们坚持认为,充分地认识是什么,这个关于为什么的问题就会自动地出现。在心理治疗中,我们可以看到这一点非常频繁地得到论证。患者对于他的行为中出现这种模式或那种模式的"原因",可能只有一个模糊的、智力方面的观念,但是,随着他越来越多地探究和体验这种模式的不同方面和阶段,这个原因就可能突然变得对他来说是真实的,不是作为一种抽象的阐述,而是作为关于他正在做什么的整个理解中一个真实的、必需的方面。这种观点还具有一种重要的文化意义。在我们的文化中经常提出的这个关于为什么的问题,不正是一种分离我们自己的方式,一种避免这种一直到最后都会出现的让他在它与关于是什么的问题之间作出更为让人不安的、引起焦虑的选择的方式吗?也就是说,对这种作为现代西方社会之特征的因果关系与机能的过分专注,很可能促成了(比我们所认识到的要广泛得多)这种将我们自己从某个既定体验的现实中抽离出来的必要性。提出关于为什么的问题,通常促成了一种关于获得控制现象的力量的必要性,这与培根的那句格言"知识就是力量"是相一致的,尤其是,关于自然的知识就是控制自然的力量。另外,提出是什么的问题是一种参与到现象之

中的方式。

[7] 我们有充分的理由可以将此界定为"存在的时间"——某件事情要成为真实的所需要的时间。它可能是即刻出现的，也可能需要一个小时的谈话时间或某段沉默的时间。无论如何，治疗者在考虑什么时候作出解释时所使用的定时感，都不会仅仅基于一个负面的标准——这位患者将要花掉多少时间？它还包括一个正面的标准——对于这位患者来说，这已经变成真实的了吗？就像在上面这个例子当中，她在当前这个时刻对于治疗者所做的事情已经被敏锐地、鲜明地体验到，以至于一种对过去的探究将具有动力性的现实并因此提供改变所需的力量吗？

[8] 我们在这里所谈论的不是关于当患者真的面临自杀的危险时应该怎么做这个实际的问题。这个问题会引入许多其他的元素，而且是一个不同的问题。我们所谈论的这种有意识的觉察，与这种具有自我毁灭冲动（这种冲动并没有被自我意识的觉察所打破）的压倒一切的持续抑郁是不一样的，后者似乎可以在真实的自杀中获得。

译后记

罗洛·梅的《存在之发现》一书于1983年由诺顿出版公司（W. W. Norton & Company Inc.）出版，1986年出版平装版，1994年再版。

《存在之发现》的主题是探讨经典的存在主义思想与精神分析的关系，具体说是讨论克尔凯郭尔、尼采和弗洛伊德等人观点的结合，阐明心理学和存在主义所关注的相同问题及其整合观对人类境况的更好理解。该书是存在心理学和存在心理治疗最简明、最权威的导论性著作，其中的第二章是根据罗洛·梅在大学校长会议1960年年会上的发言改写的，该发言稿发表在《美国行为精神病学杂志》1960年第4期上；第三章、第四章和第五章是在1958年罗洛·梅等人主编的《存在：精神病学和心理学的新方向》第一章的基础上扩写的，该章第一次把欧洲的存在分析思想跨过大西洋介绍到美国；第十二章是根据罗洛·梅在《存在心理学和精神病学评论》1964年第4期上发表的《论心理治疗的现象学基础》一文改写的。

该书具有以下三个鲜明的特点：

其一，把握时代脉搏。罗洛·梅生活的早期时代是社会发生巨大变革的时代，也正是弗洛伊德学说盛极一时的时代。当时，一方面，封建的和宗教的社会禁忌明显减少；另一方面，心理疾病的发病率却有增无减，越来越多的人开始寻求心理门诊的帮助。罗洛·梅试图以存在分析的观点来把握时代的脉搏，他在《存在之发现》的前言中说："我们在这个时代面临着一件自相矛盾的奇怪事情。在此之前，从来没有如此众多的零碎信息通过收音机、电视机、人造卫星向我们蜂拥而来，而我们也从来没有像现在这样，对自我存在的确定性如此之低。客观真理增加得越多，我们内在的确定性下降得就越多。我们迅速增长的技术力量使得我们无法控制这种力量，而且许多人都将技术进展中的每一步视为将我们朝可能出现的灭绝又推进了一步。""由于意识到了这一点，而且对于找到生活中的意义感到绝望，现今的人们利用许多方式，如情感淡漠、精神麻木或享乐主义等来减少他们对存在的意识。还有其他人，尤其是年轻人中，有数量令人惊恐且日益增多的人选择了通过自杀来逃避自己的存在。"当前，我们正越来越深刻地感知和困顿于《存在之发现》中所言的诸多状况。因此，《存在之发现》是在时代思潮中孕育而生的，并日渐焕发其时代意义，它对于人们面对现代生活具有极大的积极启示意义，因而，浸淫于本书之中便如同与时代的脉搏一起跳动。

其二，整合基础理论与临床实践。在罗洛·梅看来，严格考察心理治疗的理论基础对于有效的心理治疗技术来说非常重要；同时，他又注重将理论同临床案例整合起来，试图以此对心理治疗作出合理而具体的解释。比如，在谈到使得咨询室中的患者成为一个存在的人的本质特征是什么时，作者用赫琴斯夫人案例中的一些情节对此进行了论证，并提出六个他称之为原理的特征。第一，每一个存在的人都是以他（她）自己为中心的，而且对这个中心的攻击就是对他（她）的存在本身的攻击；第二，每一个存在的人都具有自我肯定的特性，即都需要保存他（她）的中心；第三，所有存在的人都具有走出他们自己的中心并参与到其他存在之中的需要和可能性；第四，中心主观的一面是觉察；第五条原理所指的就是人类所特有的特征，即自我意识；第六个也是最后一个本体论特征是焦虑。罗洛·梅毕生致力于心理治疗的理论建设与临床实践，他在分析存在主义哲学的基础上，结合自己的临床实践建立了自己的存在分析观并用于心理治疗，开创了美国存在分析心理治疗这一取向。正如他自己所说："存在疗法的主要贡献在于它将人理解为一种存在。这种方法并不否认精神动力的有效功能，也不反对在适当场合对特定行为模式的研究。但是它主张，各种动力论的驱力概念，无论人们给它冠以何种名称，只有放到我们接触的人的存在结构中才可以理解。"①

其三，逻辑结构严谨。该书虽然是一本论文集，但书中的内容主要由原理、文化背景、对治疗的贡献三部分组成，具有严谨的逻辑结构。这既体现了罗洛·梅从接受精神分析到接纳存在主义再到建立存在分析的心理治疗体系这一过程，也展现了罗洛·梅厚理论、重临床的心理治疗特色。

本书由方红和郭本禹共同翻译。我们的翻译工作得到了中国人民大学出版社编辑的帮助，特此致谢。

郭本禹

2008 年 8 月 15 日

---

① 转引自：林方.心灵的困惑与自救——心理学的价值理论.沈阳：辽宁人民出版社，1989：268.

罗洛·梅文集

Rollo May

《人的自我寻求》

《爱与意志》

《祈望神话》

《自由与命运》

《创造的勇气》

《存在之发现》

《心理学与人类困境》

《权力与无知：寻求暴力的根源》

《存在：精神病学和心理学的新方向》

《存在心理学：一种整合的临床观》

The Discovery of Being: Writings in Existential Psychology/Rollo May
ISBN: 0-393-31240-2
Copyright © 1983 by Rollo May.
All Rights Reserved.
Simplified Chinese version © 2025 by China Renmin University Press.

图书在版编目（CIP）数据

存在之发现/（美）罗洛·梅著；方红，郭本禹译. 北京：中国人民大学出版社，2025.4. --（罗洛·梅文集）. -- ISBN 978-7-300-33478-3

Ⅰ.B086

中国国家版本馆 CIP 数据核字第 2025GY0699 号

罗洛·梅文集
郭本禹　杨韶刚　主编
存在之发现
[美] 罗洛·梅　著
方　红　郭本禹　译
Cunzai zhi Faxian

出版发行	中国人民大学出版社			
社　址	北京中关村大街 31 号		邮政编码	100080
电　话	010-62511242（总编室）		010-62511770（质管部）	
	010-82501766（邮购部）		010-62514148（门市部）	
	010-62515195（发行公司）		010-62515275（盗版举报）	
网　址	http://www.crup.com.cn			
经　销	新华书店			
印　刷	涿州市星河印刷有限公司			
开　本	890 mm×1240 mm　1/32		版　次	2025 年 4 月第 1 版
印　张	8.25　插页 3		印　次	2025 年 4 月第 1 次印刷
字　数	155 000		定　价	58.00 元

版权所有　侵权必究　　印装差错　负责调换